PAPUS

LA RÉINCARNATION

L'évolution physique, astrale et spirituelle

Créa'Tone éditions

Dépôt légal 4e trimestre 2023
Editions Créa'Tone n° 018
ISBN: 978-2-492837-17-3

LA RÉINCARNATION

I

La réincarnation est le retour du Principe spirituel dans une nouvelle enveloppe charnelle. Pour un être humain, cette enveloppe est toujours un corps humain. Mais on peut se réincarner soit sur la même planète où l'on a vécu sa dernière existence, soit sur une autre planète.

On ne peut fixer un temps précédant le retour dans un corps matériel, pas plus qu'on ne peut fixer un temps pour la vie terrestre. Des êtres humains passent trois ans sur terre, et d'autres y passent 90 ans. Si l'on disait : l'homme vit sur terre 30 ans, on parlerait comme un amateur de statistique, mais pas comme un observateur des lois réelles.

La durée de la vie sur terre est un facteur personnel, de même la durée du temps qu'on passe avant de revenir sur terre est également un facteur personnel qui dépend de beaucoup de circonstances.

Disons tout de suite qu'avant de venir se réincarner dans une planète, l'être spirituel se prête à la perte de la mémoire des existences antérieures. Nous donnerons tous les extraits des auteurs classiques, concernant ce fait et symbolisés par l'absorption du verre de l'eau du fleuve Léthé, ou fleuve de l'oubli, qu'on buvait avant de revenir sur terre.

La réincarnation a, en effet, été enseignée comme un mystère ésotérique dans toutes les initiations de l'Antiquité.

Voici un extrait des enseignements égyptiens

3.000 ans avant Jésus-Christ, sur la réincarnation :

Avant de naître, l'enfant a vécu, et la mort ne termine rien. La vie est un devenir, *Khépraou*, elle passe semblable au jour solaire qui recommence.

L'Homme se compose d'intelligence, *Khou* et de matière, *Khat*.

L'intelligence est lumineuse et elle se revêt pour habiter le corps d'une substance qui est l'âme : *Ba*.

Les Bêtes ont une âme : un *Ba*, mais un Ba privé d'intelligence, de Khou.

La vie est un souffle : *niwou*. Lorsque le souffle se retire en *Ba*, l'homme meurt. Cette première mort se manifeste matériellement, par la coagulation des liquides, la viduité des veines et des artères, la dissolution de la matière composant le corps.

Par l'embaumement, toutes les matières sont conservées, y compris le sang, que *Ba* reviendra vivifier après le jugement d'Osiris. Le souffle est au service de l'âme.

M. Fontane. *Égyptes*, 424.

Nous donnons également plus loin des extraits des auteurs classiques sur ce sujet.

Quelques sociétés orientales, établies en Europe, ont dit tellement d'erreurs sur la réincarnation et ses conséquences, que nous sommes obligés, pour protester contre ces erreurs, de reprendre le sujet en détail dans toutes ses parties :

1° *Réincarnation du corps physique*

Le corps physique est le symbole de l'incarnation terrestre.

Nous allons parler seulement, à partir de maintenant, de la réincarnation sur terre, puisque la même loi se reproduira dans tout enveloppement de chair, dans une planète quelconque.

La Table d'Émeraude d'Hermès nous enseigne que ce qui est en haut est comme ce qui est en bas, et réciproquement, pour accomplir les miracles de l'Unité.

Si donc la réincarnation existe pour l'esprit, elle existe également pour le corps ; autrement dit, un corps terrestre doit revenir dans un autre corps terrestre sans quitter la terre, si un esprit revient dans une autre entité matérielle.

C'est de là que sont venues les confusions entre la réincarnation ou retour de l'esprit dans un corps matériel, après un stage astral, et la métempsychose ou traversée par le corps matériel de corps d'animaux et de plantes, avant de revenir dans un nouveau corps matériel.

Il ne faut jamais confondre la réincarnation et la métempsychose, l'homme ne rétrogradant pas et l'esprit ne devenant jamais un esprit d'animal, sauf en plan astral, à l'état génial, mais ceci est encore un mystère.

Étudions donc le corps physique.

Le corps physique est un triple support : il supporte trois principes et possède trois centres où chacun de ces trois principes a particulièrement son domaine.

Le corps supporte :

1° Le principe des instincts, principe tout physique et qui a son domaine dans le ventre ;

2° Le principe des sentiments et des forces astrales, qui a son domaine dans la poitrine avec le plexus cardiaque comme centre ;

3° Le principe du mental et des forces spirituelles, qui a son domaine dans la tête.

On a fait de ces principes des corps, et on peut dire, à la rigueur, qu'il y a un corps physique, un corps astral, un corps mental ; mais tout cela ce sont des mots et des divisions idéologiques ; nous nous en tiendrons à la physiologie courante.

Le corps physique est un vêtement fourni par la terre aux autres principes, pour une incarnation ; c'est de la terre évoluée en mode humain pour une existence.

Lorsque nous brûlons une bûche dans la cheminée, il sort de la chaleur et de la lumière, et il reste comme caput-mortuum — terme tiré des alchimistes — de la cendre.

La cendre représente pour la bûche ce que la terre a donné et ce qui redevient terre. La chaleur et la lumière représentent ce que le soleil a donné à la plante et ce qui retourne au plan des forces solaires.

Il en est de même pour le corps humain.

Les minéraux donnent les os, ce qui correspondait à l'élément Terre des Anciens ; les végétaux donnent les muscles et les organes végétatifs : élément Air des Anciens; les animaux donnent les neurones et les nerfs : élément Feu des Anciens, en y comprenant la force nerveuse. Enfin les liquides organiques correspondent à l'élément Eau.

On voit que le corps humain a comme origine l'évolution des corps animaux et des états antérieurs.

Une loi occulte, qui s'appelle la loi de répétition, veut que les clichés se représentent trois fois sur la spirale évolutive, à des moments différents et chaque fois sur un plan plus élevé de la spirale.

Cette loi se reproduit pendant la fabrication, dans le sein de la mère, du corps physique, qui reproduit dans ses formes extérieures les formes animales à travers lesquelles ses cellules ont passé avant d'avoir l'honneur de faire partie d'un corps physique humain.

Le corps physique appartient à une famille animale dont sont parvenues la plupart de ses cellules, après une évolution astrale.

La transformation évolutive des corps se fait en plan astral ; il y a donc des corps humains qui se rattachent par leur forme physiognomonique, soit au chien, soit au singe, soit au loup, soit même aux oiseaux ou aux poissons. C'est là l'origine secrète des totems de la race rouge et de la race noire ; mais cela sortirait de notre sujet.

Le corps physique une fois constitué se met en relation avec l'atmosphère terrestre par la respiration, et l'évolution d'une vie terrestre poursuit son cours. Pendant cette évolution, le corps physique s'assimile des minéraux pour nourrir ses os, des végétaux pour nourrir ses muscles et ses organes splanchniques, et des animaux pour nourrir ses neurones.

Disons en passant, que le corps physique étant un animal, en général résultat de synthèses d'une évolution terrestre spéciale, les nourritures exceptionnelles destinées à favoriser un de ses centres spéciaux, ne doivent être que temporaires. Ainsi le végétarisme est nécessaire, mais un mois sur trois ; il n'est, du reste, jamais total puisque, à chaque aspiration, nous avalons, malheureusement, des milliers d'êtres vivants qui sont absorbés, et pas toujours complètement, dans nos poumons. C'est donc par un sentimentalisme anti-scientifique qu'on peut se figurer évoluer le corps physique au moyen du végétarisme.

On trouvera, dans les traités de physiologie, les diverses transformations du corps physique pendant la vie. Notons seulement que ce corps physique continue à absorber les éléments que la terre lui a fournis lors de sa constitution, et continue à les transformer selon des lois fixes.

On trouvera dans notre traité de magie pratique les clefs de l'alimentation, qui permettent de dynamiser un des trois centres du corps physique.

***

Arrivons donc au phénomène de la Mort.

Le phénomène de la mort a pour caractéristique la tendance de chacun des principes constituant l'être humain, à retourner dans son plan.

Le lien qui faisait de l'être humain une étincelle fixée sur terre par la rencontre du courant permanent du haut et du bas, ce lien se brise, le courant ne passe plus de bas en haut, ni de haut en bas, et les lignes de force changent de direction. (Les mots haut et bas sont ici figuratifs et représentent seulement différents plans.)

Le phénomène de la mort est accompli, les liquides organiques sont coagulés, la marche des organes splanchniques est arrêtée, le corps physique est froid, les cellules physiques, privées du lien qui les faisait concourir à l'harmonie vitale, vont reprendre chacune leur autonomie, il va y avoir putréfaction et décomposition comme chaque fois qu'une cellule, primitivement hiérarchisée, devient autonome. C'est l'abcès ou le cancer pendant la vie, c'est la décomposition après la mort, pour le corps physique comme pour le corps social.

Par le fait de cette décomposition, les cellules physiques vont retourner à leurs principes constituants.

Nous supposons le cas de l'enfouissement dans la terre. Nous traiterons tout à l'heure le cas de l'incinération.

Les cellules qui ont fait partie des os de l'être humain ont pour caractéristique la durée et la lenteur d'évolution comme tout ce qui est minéral ; elles resteront longtemps intactes dans le squelette et ne redeviendront directrices de l'évolution des cellules du plan minéral que très longtemps après la mort de l'être physique auquel elles ont appartenu. C'est la grande récompense des êtres minéraux terrestres de devenir os humains, et la durée de cette incarnation minérale dépasse de beaucoup la durée du corps physique lui-même.

Les cellules des muscles et des organes végétatifs retournent au plan végétal, et nous répétons ici que chaque cellule de la terre ayant passé par un corps humain, devient directrice des autres cellules terrestres avec lesquelles elle peut se trouver ultérieurement en contact, parce que tout est intelligent et que l'esprit divin circule partout.

Les liquides de l'être humain retournent, par des voies diverses, dans les liquides terrestres, alors que les gaz retournent à l'atmosphère.

L'incinération fait retourner directement à l'atmosphère la plus grande partie des cellules des organes végétatifs et des muscles, et c'est sous forme de gaz et par la respiration que les êtres terrestres, végétaux ou minéraux, absorberont et réincarneront ces cellules.

De plus, l'évolution des cellules minérales, réduites à l'état de cendre, se trouve considérablement avancée ; mais il y a à l'incinération de graves dangers quand les principes astraux ne sont pas parfaitement dégagés.

***

Nous allons suivre la réincarnation d'un corps physique enseveli, ce qui est le plus simple pour nous rendre tout d'abord compte de l'évolution de ces principes.

Le corps de l'homme voit ses cellules se disperser ; les végétaux absorbent une partie de ces cellules, et le végétarien, qui absorbe ces végétaux, voit la réincarnation des cellules de l'être humain mort se faire en son corps le plus rapidement. Mais, en général, le végétal est absorbé par un animal herbivore, un bœuf, par exemple, et les cellules végétales qui ont réincarné le corps physique sont à leur tour assimilées par le bœuf. L'homme vivant, qui assimile à son tour la viande de ce bœuf, assimile les cellules venant de l'ancien corps physique de l'homme mort.

Le cycle est ainsi accompli pour la réincarnation du corps physique du plan humain dans le plan humain (Voy. fig. I).

En cas d'incinération, c'est par la respiration que l'homme fixe à l'état de gaz les principes de l'ancien corps humain ; c'est par la même voie que les végétaux les fixent également ; également les cendres, mêlées à la terre redevenant partie principale de la constitution des fibres végétales ou des os des animaux (Voy. fig. II).

En somme, nous voyons ici s'accomplir, pour

le corps physique, et pour le corps physique seulement, le cycle figuré par les anciens alchimistes sous la forme d'un serpent se mordant la queue. *L'Ouroboros*, des alchimistes, avec sa formule mystérieuse, 'Εν το παν, rappel de la Table d'Émeraude : « Ce qui est en haut est comme ce qui est en bas, et ce qui est en bas est comme ce qui est en haut », pour accomplir les miracles de l'Unité.

Nous avons passé rapidement en revue ce qui concerne la réincarnation du corps physique. Dans le chapitre suivant nous allons étudier ce qui concerne la réincarnation des principes astraux.

Nous ne pouvons pas quitter ce chapitre sans rappeler que tout ce que nous venons de dire était enseigné dans l'antique Égypte. Les prêtres faisaient, pour manifester cet enseignement, ce qu'ils appelaient l' « Osiris végétant » : une pâte formée de terre végétale et de graines était moulée à la forme d'un corps humain ; ce corps, arrosé convenablement et placé dans des conditions normales de végétation, était bientôt recouvert d'herbe correspondant à l'évolution des graines. Ce corps renfermait aussi un peu de cendres humaines. Les herbes, une fois arrivées à l'état d'évolution normale, étaient absorbées par un herbivore, image d'Apis, et cet animal, sacrifié selon les rites, devenait la nourriture des prêtres inférieurs, qui réincarnaient ainsi le corps mystique d'Osiris (Voy. fig. II).

II

RÉINCARNATION DES PRINCIPES ASTRAUX

La réincarnation des principes astraux devrait être précédée d'une étude astrologique ou mieux astrosophique (1). C'est en effet l'étude des relations entre la terre et le plan des forces astrales que nous avons à étudier maintenant. Il faudrait, pour faire complètement cette étude, toute la science vécue des anciens Égyptiens ou des modernes initiés, pour bien décrire ces immenses

(1) Voy. *Éléments d'Astrosophie*, par Papus, broch. in-8, Dorbon-Aîné.

courants de force qui viennent se fixer dans un utérus humain.

Nous allons nous efforcer toutefois de décrire de notre mieux les éléments du problème, si nous ne pouvons pas résoudre le problème tout entier.

Dans sa jolie pièce initiatique qui s'appelle l'*Oiseau Bleu*, Mæterlink montre, en un de ses tableaux, le pays des Ames qui vont s'incarner. Chacune de ces âmes a une mission, bonne ou mauvaise, et c'est pour accomplir cette mission que cette âme vient sur terre. C'est là la réincarnation du principe spirituel. Mais, pendant le séjour dans le plan invisible, l'esprit fabrique son corps futur, et il fabrique son corps futur au moyen des forces astrales.

Pendant la gestation, pendant les neuf mois que dure la fabrication du corps physique, quels sont les phénomènes astronomiques ? C'est le premier point que nous avons à résoudre.

La Terre, toutes les 24 heures, présente le point où se trouve incarné le corps physique, successivement devant chacun des douzes signes du Zodiaque ; la Lune accomplit chaque mois sa révolution devant le petit corps physique en formation, si bien qu'il faut au minimum 7 révolutions lunaires, ou normalement 9 révolutions lunaires, pour parfaire ce corps physique. Tout horoscope d'un être humain, horoscope du jour de naissance, devrait, pour être exact, être précédé de l'horoscope du jour de conception. Albert le Grand, dans son traité de magie — devenu le grand Albert des sorciers — explique que chacune des sept planètes agit sur le corps en formation :

Les forces de Saturne viennent constituer la charpente générale de l'être humain, pendant le premier mois ; les forces de Jupiter agissent sur les humeurs, le second mois ; les forces de Mars sur le sang, le troisième mois, et l'enfant commence à remuer. Le Soleil vient illuminer de sa chaleur et de sa vie l'être humain ainsi formé. Vénus enfin lui donne la beauté des enveloppes extérieures ; Mercure agit sur tous les mouvements et le système nerveux ; et enfin la Lune vient parfaire, par son influence maternelle, l'œuvre accomplie. A ce moment l'enfant peut naître et, avec beaucoup de soins, il pourra vivre ; il a accompli les sept mois de gestation. Mais, en général, Saturne revient parfaire tous les os et toutes les fibres, Jupiter revient à son tour donner la force nécessaire à tous les éléments vitaux, et l'enfant peut naître en de meilleures conditions.

On voit donc que, pendant la conception, la mère est une véritable pile astrale, concentrant autour d'elle toutes les forces mystérieuses qui circulent dans l'atmosphère invisible de la terre. C'est pendant ce moment que des forces astrales conscientes, venues de l'une des portes zodiacales par lesquelles a passé l'esprit pour s'incarner, se fixent dans les centres invisibles du corps qui se forme. Il y a dans l'astral de chaque être humain des êtres qui apparaissent à l'esprit sous une forme très cruelle, et qui sont les exécuteurs des ordres d'en haut. Les gnostiques appelaient le chef de ces êtres astraux, l'esprit d'imitation spirituelle, qui était en relations avec les archons, des Eons (1). Les chrétiens donnent à ces influences les noms de bons et mauvais anges. Quels que soient leurs noms, elles existent et elles agissent.

Voici l'enfant qui naît. Par sa première inspiration, il quitte les influences astrales de sa mère et fixe dans ses poumons l'astral terrestre, en se liant par la respiration à l'atmosphère de notre planète, qui est en relation directe avec les rayons solaires.

L'astral qui circule dans l'être humain pendant la vie met cet être humain en relation avec toutes les forces astrales de la nature. Le centre de ces êtres astraux est physiquement dans le plexus cardiaque. Le point de contact des principes astraux et des principes spirituels est physiquement sous le cervelet, dans ce que les anatomistes appellent — « le plancher du quatrième ventricule », extérieurement au niveau de la nuque. Les Égyptiens, qui connaissaient tous

(1) Pistis Sofia. *Commentaire de Papus*, 1 broch. in-8, Beaudelot.

I. — Réincarnation des cellules du corps matériel dans un autre corps matériel. — Métempsychose. (Voy. p. 17.)

ces mystères, appelaient « Sa » la magnétisation de la nuque pour agir sur les clichés astraux.

Pendant la vie le problème moral consistera uniquement à savoir si les forces astrales dont dispose l'être humain seront mises davantage au service de l'instinct ou au service de l'esprit. Il y a là une évolution ou une involution des influences astrales par la vie physique, d'où résulte la création des enveloppes astrales qui agiront après la mort. Pour parler comme les mystiques, nous créons notre « char de l'âme », comme l'appelait Pythagore, et comme le désigne clairement Saint Paul.

Si nous mettons au service de la satisfaction de nos instincts toutes nos forces, si la vie consiste pour nous à poursuivre la fortune pour en faire un usage exclusivement personnel, en refusant d'en faire profiter les moins fortunés que nous-mêmes, alors notre « char de l'âme » n'a plus de substance astrale pour sa création, et, riches de la terre, nous sommes des pauvres en astral.

Je sais bien qu'on a prétendu que toutes ces

idées avaient été inventées par les prêtres pour l'exploitation de la misère humaine et pour créer la résignation ; mais les prêtres Égyptiens étaient des opérants, des voyants, qui vérifiaient dans l'invisible tout leur enseignement dans le visible, et comme tous les philosophes, ainsi que le reste des êtres humains, passeront par les portes de la mort, ils verront que ce soi-disant conte des initiés était de la plus scrupuleuse exactitude.

Ainsi c'est pendant la vie, par le maniement des forces astrales mises à notre disposition, que nous créons toutes les tendances évolutives et involutives de notre astralité future.

***

Laissons donc l'évolution des forces astrales pendant la vie ; c'est là le domaine du Destin de Fabre d'Olivet, du Karma des Hindous et du Fatum des astrologues du Moyen-Age.

La puissance du Père se manifeste, les êtres invisibles qui entouraient la personne humaine ont agi, l'homme a été tué, sacrifié à l'heure marquée par le destin ; les êtres astraux ont accompli leur mission ; la mort physique est arrivée.

C'est à ce moment que l'astral se partage en deux sections : une partie de cet astral constituant l'image (*imago*), l'idole (*eidolon*) de l'être humain, sa forme astrale, reste attachée aux cellules physiques dont elle constitue la vitalité en présidant à leur migration et à leur évolution ; une autre partie de cet astral reste attachée au principe spirituel dont elle forme l'enveloppe qui permettra à cet esprit de traverser les régions astrales.

Dans les séances spirites, si c'est le double, la forme astrale qui est évoquée en cas de matérialisation, l'être apparaît avec des habits terrestres; si, au contraire, c'est la partie supérieure de l'être humain qui est matérialisée, l'être apparaît enveloppé de fluide blanc présentant la forme de gaze.

Par le phénomène de la mort, l'astral évolue donc sur deux plans.

Les êtres qui ont le plus étudié théoriquement et pratiquement cette vie astrale du double, sont, sans contredit, les Égyptiens. Les Égyptiens prétendaient que, pendant la vie, l'esprit dirigeait tous les actes du corps au moyen de forces émanées de la région du ciel où se trouve l'étoile polaire ; voilà pourquoi l'entrée des Pyramides est toujours mathématiquement tournée vers l'étoile polaire.

Après la mort, les Égyptiens conservaient, en le salant d'abord pendant trois mois, puis en l'injectant au moyen d'aromates, le corps physique ; ils empêchaient ainsi la dispersion des cellules physiques par la momification et fixaient autour du corps la force astrale qui aurait présidé à la décomposition de ces cellules physiques.

Ils allaient plus loin : par une cérémonie magique très compliquée, ils évoquaient les forces astrales tournant autour de l'étoile polaire, les infusaient dans le double de la momie réincarnée dans cette sorte d'existence astrale, et ils incarnaient ce double, soit dans la momie elle-même, soit dans des petites statuettes de bois ou de terre cuite placées autour de la momie.

Les Égyptiens avaient donc constitué de véritables villes souterraines d'astraux vivants, et ils ont pu ainsi agir d'abord sur l'astral terrestre, en fixant pour très longtemps le pôle de civilisation sur leur pays, et retarder ensuite la réincarnation des êtres humains, en luttant par la science contre les forces du destin.

On sera stupéfait plus tard, quand on connaîtra, sous son véritable jour, la science de l'antique Égypte.

Mais laissons ici ces exceptions, revenons à la mort normale, et rappelons-nous qu'à ce moment l'astral se partage en deux sections : une section formant le char de l'âme et enveloppant l'esprit, et une section formant la force astrale et enveloppant le corps physique qui va se décomposer.

Si l'être humain a bien constitué son char de l'âme, si les clichés de bonté, de dévouement, forment les étoiles lumineuses de cette masse astrale, alors l'évolution du futur corps astral sera certaine.

L'évolution des formes physiques en Astral

Ici il nous faut parler d'un problème extrêmement important. Les savants ont remarqué que la série des êtres vivants sur terre, formait une sorte de hiérarchie bien caractérisée : les corps de certains êtres vivants, sont très peu différents des corps des êtres inférieurs à eux ou des êtres immédiatement supérieurs. C'est là l'idée qui a présidé à la question de l'évolution des êtres animés si chère aux Darwinistes.

Or, il est impossible de constater l'existence de cette évolution, dans des conditions générales, sur terre ; il y a bien sur terre des transformations d'organes, des adaptations au milieu, mais non de véritables évolutions d'un corps de chien dans un corps de singe, ou d'un corps de singe dans un corps d'homme. La raison en est simple : c'est que l'évolution se fait, non pas pendant l'incarnation physique, mais bien pendant l'état astral qui suit immédiatement la mort physique. C'est à ce moment que le corps astral évolue, se transforme et devient l'origine du corps astral de l'être immédiatement supérieur. Ce corps astral fabrique à son tour les organes physiques, et voilà comment un être physique d'un ordre immédiatement supérieur vient sur terre pour incarner sur un plan de la spirale plus élevée les formes de l'ancien être immédiatement inférieur.

Tous les corps physiques de la nature évoluent réellement en vue de constituer le corps physique de l'êtreh umain ; mais cette évolution se fait dans le plan astral.

Donc, lorsque, après le repos astral, plus ou moins prolongé selon l'être qui doit se réincarner, le moment de cette réincarnation arrive, le corps astral futur diffère du corps astral précédent, d'après la conduite dans la vie antérieure de l'esprit incarné ; c'est là l'origine de la beauté ou de la laideur du futur corps physique, de la force ou de la faiblesse des organes futurs, de la puissance d'élévation des forces astrales, du signe du zodiaque par lequel viendront ces forces entourant l'esprit, et de toutes les lois secrètes de la réincarnation spirituelle dont nous allons parler dans le chapitre suivant.

Les contes populaires ont indiqué ces influences astrales sous la forme des bonnes et des mauvaises fées qui viennent autour du berceau de chaque être humain arrivant sur terre.

Au moment de la conception, la force d'attraction des futurs parents sera d'autant plus grande que les forces astrales dont ils disposent par leur santé physique, morale ou spirituelle, seront plus intensives. C'est ainsi que des parents, protégés du ciel, iront unir leurs forces à celles du soleil pour incarner des esprits entourés de corps astraux très évolués ; tandis que des ivrognes, des viveurs, ou des bourgeois, sans idéal et sans amour, iront seulement pêcher dans l'atmosphère inférieure de la terre invisible des esprits de suicidés ou d'anciens amateurs de choses matérielles, qui s'accompagneront de corps physiques chétifs, difformes, infirmes ou toujours maladifs.

La conception est donc un acte extrêmement

sérieux au point de vue des forces astrales, et il n'y a rien d'étonnant à ce que les lois civiles et religieuses l'aient entourée d'un tel luxe de précautions, par les règlements relatifs au mariage et à ses conséquences sociales.

Les peuples qui abandonnent le phare religieux, quelle que soit sa couleur terrestre, s'entourent d'une série de mauvaises forces astrales dont ils ont à souffrir dans toutes les formes sociales. Nous retrouverons ce problème posé à propos de la réincarnation des principes spirituels.

Nous n'avons pas pu dire tout ce qu'il y aurait à dire sur l'évolution de la forme astrale, qui devrait être accompagnée d'un traité complet d'astrologie mystique.

Occupons-nous, maintenant, de la réincarnation du principe spirituel.

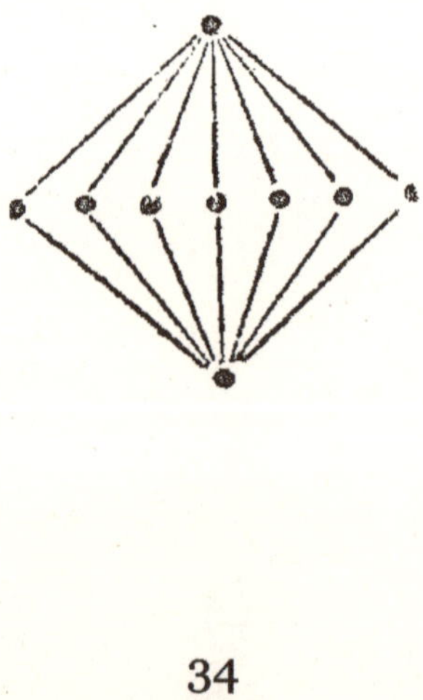

III

RÉINCARNATION DU PRINCIPE SPIRITUEL

Nous avons vu jusqu'ici la réincarnation du corps physique, qui nous montre que la loi générale s'applique à chacun des principes de l'être humain, la réincarnation du corps astral avec évolution de ses éléments déterminant l'évolution du corps physique, et nous allons aborder l'étude de la réincarnation du principe spirituel.

Avant de naître, l'enfant a vécu et la mort ne termine rien. La vie est un devenir, Khéprou ; elle passe semblable aux jours solaires qui recommencent.

(Les Egyptiens 3.000 ans avant J.-C.)
(Marius Fontane, *Les Égyptes*)

La réincarnation spirituelle a été enseignée comme un mystère dans tous les temples initiatiques de l'Antiquité. La citation ci-dessus en est un exemple, et nous pourrions trouver, tant dans la tradition orientale que dans la tradition occidentale, des milliers de citations analogues à la précédente.

Pour l'initié antique, l'homme était surtout puni ici-bas dans ses biens matériels et dans ses enfants. Le Christ proclame que le péché peut être puni jusqu'à la 7e génération. Tout cela nous indique l'importance de l'idée de la réincarnation spirituelle pour les religions antiques, à tel point que, dans les ouvrages s'occupant de cette étude, la réincarnation des éléments physiques dans le plan physique, et la réincarnation avec évolution des éléments astraux dans le plan astral, ont été passées sous silence presque toujours : on ne parle que de la réincarnation de l'esprit, qui devient presque incompréhensible, ou au moins très métaphysique, si l'on n'étudie pas la réincarnation des principes précédents.

Constitution de l'être humain

Pour tâcher de bien faire comprendre les détails de cette réincarnation spirituelle, nous allons rappeler l'idée que la tradition initiatique donne de la constitution du corps humain et des principes qui le constituent.

Le corps humain est formé d'une enveloppe physique matérielle, que nous connaissons tous et que nous voyons. Cette enveloppe matérielle était appelée par les Égyptiens : *Khat*.

A côté de cette enveloppe matérielle il y a un principe qui épouse la forme du corps, qui est véritablement son double. Ce principe, qui est lié au plan astral, qui y respire secrètement et qui subit l'influence des astres, a été appelé par Paracelse : *corps astral*, et par les Égyptiens : *Kha*, que les savants orientalistes contemporains ont très bien traduit, avec Maspero, par le mot : le double.

De même que le corps physique vient du plan physique et y retourne, de même ce corps astral vient du plan astral et y retourne, ainsi que nous l'avons vu au chapitre précédent.

Le Kha, ou corps astral, est la ménagère de l'organisme ; il est physiquement localisé dans le nerf « Grand Sympathique » et dans tous ses rameaux. Si l'on veut faire une représentation exacte du nerf « Grand Sympathique », il faut dessiner tous les capillaires, toutes les artères, toutes les veines et tous les organes innervés par ce nerf. On a ainsi véritablement un double du corps physique.

Le principe spirituel, qui utilise comme moyen d'action sur la matière, ce double astral, était appelé par les Égyptiens : le *Khou*, ou esprit. L'être humain incarné était donc composé d'un corps : Khat, d'un double astral : Kha, et d'un esprit : Khou. Cet esprit agissait généralement de loin, par des clichés envoyés vers la nuque de son corps physique. Les

Égyptiens prétendaient que, dès la naissance, l'esprit se refugiait dans les régions astrales, vers l'étoile polaire, et que c'est de là qu'il incitait les éléments matériels.

Après la mort, le nom des principes changeait : la partie physique, nous pouvons dire astro-physique, qui enveloppait l'être humain privé du corps matériel, prenait le nom de *Bi*. La partie astro-vitale de ce corps fluidique prenait le nom de *Bâ*, Ame, animant aussi bien les animaux que tous les êtres vivants. Et enfin la partie astro-spirituelle, symbolisée en hiéroglyphes par un épervier à tête humaine, prenait le nom de *Baï*.

Si nous entrons dans tous ces développements, c'est que la tradition occidentale tire son origine des enseignements secrets d'Égypte, et que cette tradition égyptienne a toujours été un modèle de clarté, de synthèse et d'enseignement véritablement divin ; tandis que la tradition venue d'Orient a été déformée, obcurcie, voilée par l'analyse, et ne présente jamais la clarté lumineuse de la tradition d'Égypte.

De plus Moïse était un prêtre d'Osiris ; il a

été initié par les Égyptiens ; son initiation a été complétée par la tradition noire de Jetro, mais c'est en Égypte qu'il faut chercher l'origine des enseignements que Moïse va nous transmettre dans son Sépher.

On comprendra donc pourquoi nous insistons tant sur les enseignements de l'Égypte à ce sujet.

Nous allons donc prendre l'être humain à la mort, et nous allons étudier :

1° La réincarnation normale, après un temps d'évolution astrale plus ou moins long ;

2° La réincarnation anormale, presque toujours immédiate, conséquence d'une punition, soit à la suite d'un suicide, soit à la suite d'une exécrable vie terrestre ;

3° Ce que nous appelerons la réincarnation forcée, emprisonnement de l'esprit dans un astral dynamisé par la magie, lui-même emprisonné dans un corps arraché à la décomposition par la momification.

C'est là le grand mystère de l'initiation égyptienne, qui n'a pas encore — que nous sachions — été révélé.

Réincarnation normale

Après la mort, de même que les cellules physiques retournent chacune aux trois plans d'où elles étaient issues, les minéraux recevant les os et les principes minéraux du corps humain, les végétaux recevant les muscles, et les cellules animales retournant aux animaux, de même chacun des principes constituant l'être humain, retourne à son plan ; le corps physique retourne au plan physique, le corps astral, au plan astral, et l'esprit au plan spirituel ou divin.

Ces trois éléments restent toutefois liés et la mort du corps physique provoque la dissolution de plusieurs êtres minéraux, végétaux et animaux, qui formaient sur terre les satellites secrets du corps physique.

Il y a également un astral et un divin des évolutions ; mais leur analyse sortirait de notre sujet.

Il serait aussi absurde de fixer un terme fixe

de 1.200 ans comme de 10 ans au temps qui sépare une incarnation d'un retour sur terre, que de fixer pour la vie humaine sur terre une période également fixe. On ne peut pas dire qu'un homme sur terre vit 60 ou 80 ans, puisque la période qu'on passe sur la terre est essentiellement individuelle : il y en a qui y restent 2 jours et d'autres 102 ans, avec tous les temps intermédiaires.

De même le temps de séjour dans ce que nous appellerons les plans invisibles ne peut être déterminé, et il est essentiellement individuel. L'esprit ne s'arrête jamais, son essence, c'est l'activité, et chaque fois que sur terre nous avons des aspirations de repos, c'est que l'esprit est obscurci par le corps physique. Il suffit de se rappeler avec quelle rapidité les souvenirs de toute l'existence défilent en cas d'immersion et de danger de mort, ou avec quelle rapidité un rêve peut être déterminé par un choc physique pendant le sommeil. Nous rappellerons à ce propos l'histoire du dormeur qui rêvait qu'il avait été arrêté, jugé, condamné pour un crime qu'on lui avait imputé : il avait vécu les affres de la prison, avait été extrait de sa cellule, conduit à la guillotine et guillotiné. Il s'était réveillé épouvanté ayant reçu sur le cou son ciel-de-lit. Toutes ces images, l'esprit les avait évoquées entre le moment de la chute du ciel-de-lit et le moment de la perception de cette sensation de chute. Tout ce temps n'avait pas demandé une seconde.

L'esprit est tellement actif qu'il existe à ce propos un mystère dont nous osons à peine parler ; c'est qu'il est des cas où l'esprit peut animer en même temps des corps différents dans plusieurs planètes. Mais ne sortons pas de notre sujet.

L'esprit étant essentiellement actif, il continue son action après la mort : il combine, il imagine, il travaille sans cesse, et, inconsciemment, les dieux inférieurs qui lui sont attachés fabriquent sous son influence les corps physiques futurs de sa réincarnation humaine et du domaine des animaux, des végétaux et des minéraux qui accompagneront cette réincarnation.

L'amour en astral

Nous avons déjà, dans l'*Initiation*, eu souvent l'occasion d'étudier le *plan astral* sous quelques-uns de ses aspects ; aujourd'hui nous voudrions décrire de notre mieux les conditions d'existence intellectuelle dans ce monde où nous devons séjourner au lendemain de notre mort. Laissant là les souffrances de la naissance à ce plan astral que nous appelons la Mort dans notre langage terrestre, telles que nous les avons étudiées dans notre travail sur l'*Etat de trouble*, nous transcrirons les impressions d'un être humain intelligent et d'une bonne spiritualité, parvenu à l'existence nouvelle dans ces conditions, inconnues pour la plupart des êtres incarnés, et nous chercherons à connaître différents modes de son activité, entre autres l'évolution d'un amour dans ce nouvel état.

Pour arriver à ce but, nous aurons à résoudre en route quelques questions (que nous traiterons très superficiellement pour cette fois):

1° Une idée générale des sens que peut posséder l'être astral ;

2° Une idée générale du milieu dans lequel agit cet être ;

3° Une étude particulière du mode de son activité psychique et, par suite, de sa conception de l'amour.

Lorsqu'un explorateur revient, après une dangereuse traversée, d'un contrée jusque-là inconnue, il ne manque pas de bons bourgeois, dont l'idéal fut toujours renfermé entre le coffre-fort et le ciel-de-lit, pour sourire d'un petit air sceptique de ce qu'ils appellent « les bonnes farces du voyageur ». Il en est souvent de même dans ces études sur l'astral. Ceux qui n'ont jamais quitté l'horizon terrestre ont peine à se figurer autre chose qu'un ciel gris sur des tas de pierres et sont portés à considérer les affirmations des « illuminés », de « ceux qui ont vu la vraie lumière », comme d'enthousiastes exagérations de voyageurs imaginatifs.

Qu'importe ! Considérez tout cela comme

légende si tel est votre bon plaisir. Mon devoir est d'évoquer des idées, et je vais m'efforcer de remplir mon devoir de mon mieux: Écoutez maintenant les premières révélations de « l'Être astral ».

. . . .

Constitution de l'Être astral

Depuis combien de temps étais-je mort? Je l'ignore. La notion du temps avait à ce point changé d'aspect depuis ma transformation, qu'il m'eût été impossible de concevoir une durée d'après mes idées antérieures. J'avais vaguement souvenir d'une sorte de léthargie demi-consciente qui avait duré jusqu'au moment présent. Je me souvenais aussi du mal qu'il m'avait fallu pour m'habituer progressivement à voir, à entendre, à penser et surtout, chose étrange, à *voir penser* sans aucun des organes matériels dont l'usage m'était familier sur terre. Et je compris par quelle sagesse providentielle ces organes de matière grossière avaient disparu, car ils n'auraient pu ni contenir ni supporter la lumière intense qui s'échappait de tout mon être ; mon corps, en effet, était entièrement lumineux ; mais il avait conservé presque complètement la forme de mon enveloppe terrestre. Une lumière diffuse s'échappait de mon corps encore très faible d'intensité cependant ; car je naissais à peine à mon nouvel état et mes moyens d'action étaient singulièrement transformés.

La volonté, que j'avais heureusement développée de mon mieux sur terre, était le moteur véritable de mon nouvel organisme et le *désir* constituait le pivot de toutes les actions. En effet la locomotion était instantanée, et il suffisait d'avoir le désir d'aller en tel endroit de ce monde nouveau et de donner un léger coup de volonté pour être instantanément à l'endroit désiré. Cette absence de transition entre le point de départ et le point d'arrivée est une des plus difficiles des sensations à concevoir pour un homme terrestre. En rêve, alors que j'étais incarné, il m'était souvent arrivé de voler dans des paysages de la Terre et cette sensation de bercement dans l'air ne peut donner qu'une idée grossière du bonheur éprouvé dans ces déplacements instantanés. De même le sens du toucher était totalement aboli dans mon nouvel état ; il suffisait de porter son attention sur un arbre pour en saisir les moindres détails. Si j'osais employer une image grossière je dirais que je touchais avec ma vue. La lumière et l'air étaient les seuls aliments dont eussent besoin nos organismes dans ce monde singulier ; car, si j'ai dit que nous n'avions plus rien de matériel ici, j'ai légèrement exagéré. J'aurais dû dire que la matière était à tel point évoluée qu'on aurait difficilement reconnu dans l'enveloppe lumineuse qui nous constituait la boue sombre utilisée pour un pareil usage sur terre. Ainsi le sens du toucher et son annexe, le sens du goût, avaient disparu en même temps que la forme de notre nouveau corps avait subi une légère transformation par l'effilement du ventre qui, devenu inutile, s'était complètement atrophié. Parmi les sens réceptifs, la vue et l'ouïe avaient pris une singulière acuité, de même que l'odorat, dernier vestige de notre forme terrestre. Mais de nouveaux sens étaient nés. La vue, en se transformant, avait permis la naissance de la faculté de voir l'intimité des choses en pénétrant dans leur lumière propre ; mais ce qui me ravissait et m'effrayait en même temps, c'était la faculté, si nouvelle pour moi, d'*entendre penser* les autres quand ils le voulaient ; surtout les être astraux plus anciens que moi sur ce monde. L'intuition si obscure sur terre avait pris une telle amplitude que les sentiments en arrivaient à remplacer presque toujours les sensations dans notre vie courante. Voilà pour les organes de la sensibilité.

Si j'essaye maintenant de décrire mes organes d'action, je devrais faire de bien grands efforts pour être compris de ceux qui sont encore incarnés.

Sur terre je pouvais agir sur l'extérieur de quatre façons : par la marche (jambes), par le geste (bras), par le verbe (larynx) et par le regard (œil). De même que le toucher a disparu, la marche n'existe plus et le geste s'est singulièrement transformé. Quand je veux agir sur un point sans m'y transporter, il me suffit d'étendre les bras vers un objet, et aussitôt une traînée de lumière colorée sort de mes mains et va se mêler à la lumière de l'objet. Je reparlerai tout à l'heure de cette lumière, caractéristique des choses. Le regard est ici *moteur* et tout est mis en mouvement par le regard. Ce mouvement est entretenu, s'il en est besoin, par la lumière personnelle de l'opérateur. Mais la plus belle de mes nouvelles facultés, la faculté presque divine, c'est la puissance de transformer une idée en un être réel par la parole. J'avais souvent lu sur terre cette phrase : *Le verbe est créateur*, mais ce n'est qu'ici que j'ai pu en saisir toute la portée. Si une idée que je viens de concevoir me semble belle, il me suffit de l'*évoquer* à la vie par mes paroles et aussitôt l'idée, en m'empruntant un peu de ma lumière, prend corps et m'apparaît. Cela cause bien une légère fatigue ; mais comment comparer ce travail agréable à la peine terrible qu'il faut sur terre pour forcer la matière à prendre les formes d'une idée, même aussi vulgaire que celle d'une table. C'est ici seulement que j'ai pu admirer à leur juste valeur les efforts inouïs des artistes de la terre qui viennent parmi nous chercher leurs idées, ainsi que je le dirai tout à l'heure. Mais ce qui indique que partout la sombre fatalité exerce son empire, c'est que ces formes vivantes, créées ici par chacun de nous, sont éphémères et qu'après chacune des douces léthargies, qui sont pour nous ce que le sommeil est pour vous, rien ne subsiste plus des créations de la veille. Nous sommes condamnés, ici du moins, à ce qu'il me paraît, à l'éternel travail de Pénélope. Toutefois notre part de joie est assez grande pour que je ne m'arrête pas à médire de ces bienfaits. Car nous pouvons atteindre à une telle perfection de nos créations idéales par l'emploi de la prière, que je ne puis essayer de vous en donner même une idée approximative.

Voilà, en quelques mots, le résumé de ma constitution physique ; parlons un peu du milieu qui m'entoure.

Le « Paysage astral »

Sur la terre tout est obscur sur un fond vaguement lumineux, et c'est en s'accrochant aux parois des corps que la lumière terrestre permet de contempler leurs couleurs ou leurs formes. Ici tout est lumineux sur fond d'un bleu sombre, et chaque objet comme chaque être possède sa lumière propre. Aussi m'est-il presque impossible de vous donner une idée d'un paysage astral. Pardonnez-moi donc d'avance mes inévitables obscurités.

En ce moment j'aperçois à mes pieds les petites lumières faibles et aux couleurs tranchantes qui sont nos débris minéraux, nos pierres. Entre elles montent, effilées et nombreuses, les tiges illuminées de mille plantes dont les fleurs se distinguent par des couleurs aussi multiples qu'éclatantes. De temps à autre, l'éclair rapide d'un insecte qui passe, trouble seul l'harmonie des tons si divers et cependant si doux. Plus un être est élevé dans la hiérarchie naturelle, plus la lumière qu'il dégage est intense, aussi le passage d'un être humain illumine-t-il toujours la nature qu'il traverse aussi vite que l'éclair, à moins que sa volonté ne le porte à ralentir sa course. Car si j'ai parlé de cette faculté que nous possédons de nous trouver sans transition à l'endroit désiré, il faut aussi que vous sachiez que nous pouvons à notre gré ralentir notre marche ; mais alors nous nous déplaçons en volant, par la seule impulsion volontaire, à travers l'espace. Mais revenons à la prairie que je vous décrivais. Cette prairie est bornée par une vaste forêt dont les grandes lumières végétales s'étendent fort loin devant moi. Au-dessus de ma tête, le sombre Océan éthéré roule ses flots fluidiques, car notre monde est partout limité par cet Océan dont les courants, plus légers cependant que l'air terrestre, sont assez formidables pour entraîner dans leurs vertiges les êtres dont l'astralité n'est pas encore complètement dégagée. C'est lui qui nous sépare du monde terrestre, et c'est entre lui et la terre que commence la région de la lumiére élémentaire, celle que vous voyez, et dans laquelle baignent les êtres les plus inférieurs de notre monde, les larves multiples et polymorphes, chargées de dissoudre toutes les traces de matière terrestre dont le moindre reste rendrait ici l'existence impossible. Ce sont ces courants terribles qui s'opposent d'une si grande façon aux efforts que nous pouvons faire pour communiquer avec certaines d'entre les âmes encore incarnées sur terre. C'est par suite d'un désir d'une intensité peu commune et parce que j'ai été appelé au même instant par ta prière que j'ai pu, ô mon cher enfant, pénétrer jusqu'à ton entendement mais le courant astral devient trop violent et je suis obligé de disparaître. Prie. Espère et je reviendrai.

. . . .

Plus d'une année après nous eûmes la joie grande de reprendre les chères études interrompues et voici les résultats de nos nouvelles recherches.

. . . .

L'Amour astral

« Enfant du rêve, je te retrouve enfin et je me hâte de te décrire de mon mieux mes nouvelles impressions. Quelle transformation s'est opérée en mon être ! Quand autrefois j'eus le bonheur de communiquer avec une âme incarnée, il me fallut d'abord perdre dans le tourbillon astral les parcelles de matière qui s'étaient attachées inévitablement à moi. De là une souffrance que je subis courageusement, comme je subirai celle que nécessitera ma nouvelle conversation ; car le sacrifice est la loi divine dans tous les mondes et l'amour m'a appris à rechercher le sacrifice. »

J'ai aimé, et l'âme sœur qui s'est dévouée pour moi m'a permis de saisir de nouveaux et grands mystères que je m'efforcerai de révéler. Mon évolution était lente et ma lumière était toujours peu intense quand je vis apparaître devant moi un être dont la clarté rayonnante et pure me combla de crainte et d'admiration. Un sentiment inconnu s'éveille alors en moi, et je projette vers cet être un rayon tout chargé d'ardents désirs ; mais mes efforts sont vains, et une volonté très douce mais plus forte que la mienne s'oppose à mon action. Puis subitement la vision merveilleuse disparaît et j'entends : « Sache mériter l'amour de l'âme sœur. »

L'amour, idée nouvelle pour moi dans ce monde, pourrais-je jamais le mériter ? Et dans l'impossibilité de revoir l'être étrange dont la volonté douce paralysait tous mes efforts, j'évoque à la lumière l'image de mon désir et de ma douleur. Et devant moi tourbillonne une portion de ma lumière, et cette lumière prend forme, et je vois naître une création merveilleuse que je contemple avec admiration :

« O mon idée, ô mon enfant, quelle puissance est la mienne qui me permet de te créer si belle. Mais le sombre Destin va trancher le fil de tes jours dès ce soir et jamais peut-être l'amour ne viendra plus me permettre de te concevoir aussi radieusement éclatante, ô mon idée, ô toi l'enfant du plus beau de mes rêves.

Va-t-en vers elle, cherche sa lumière et porte-lui toutes mes souffrances et tous mes espoirs. »

Mon idée vivante disparaît aussitôt, et je pense à celle qui doit, si j'en suis digne, me révéler les mystères de l'amour divinisé. Une harmonie très douce monte vers moi, voici sa lumière à elle enveloppant de ses feux éclatants ma créature qui s'avance vers moi. Puis sa voix : « Que ma lumière se fonde en la tienne pour immortaliser ta belle idée, ô mon amour, ô pauvre être abandonné. » Elle apparaît et la nature s'illumine des éclairs de notre joie !

Alors j'ai su que l'amour d'une femme rend immortelles les idées vivantes créées par nos désirs et nos volontés.

Et quand, dans un éclair de foi, une âme de la terre, artiste, savant ou poète aimante de ses désirs notre monde, quand passant à travers les tourbillons de l'Océan astral, son appel et sa prière montent jusqu'à nous, c'est une *idée vivante*, fille de notre amour qui va illuminer le génie de l'homme terrestre et qui devient l'IDÉAL qu'il doit réaliser sur la Terre ennemie et perfide.

Tel est le grand mystère de la naissance de votre génie par notre amour. Révèle, enfant de notre rêve, mes paroles à tes frères ; prie, travaille, espère et bientôt je reviendrai, car maintenant je vais m'épurer par la souffrance. Adieu.

. . . .

Telles sont les paroles de l'Être astral. Histoire ou légende, réalité ou rêve, je les dédie aux artistes et à ceux qui savent.

En somme, ceux que nous appelons morts sont intimement liés à la vie, et leur action se manifeste d'une manière continue. Voilà pourquoi les Chinois décorent un ancêtre quand un incarné fait une grande œuvre sociale, et voilà pourquoi, en Chine, la vie des morts est intimement liée, dans les actes de chaque jour, à la vie des vivants, d'une part, et à la terre génératrice, de l'autre. Ce que nous pouvons dire, en paraphrasant la belle pensée de Swedenborg, c'est que : « Le ciel est là où l'on a mis son cœur », indiquant que l'origine du bonheur dans le plan divin est toujours sentimentale, suivant l'expression terrestre. Tout ce qui a été acquis pendant une existence, reste acquis, et la nature est trop avare de ses évolutions pour faire perdre à une intelligence le bénéfice des travaux que cette intelligence a accomplis sur terre ou des épreuves qu'elles a subies.

Nous reviendrons plus tard sur la nécessité des épreuves terrestres ; restons, pour l'instant, à cet état de l'esprit qui, enveloppé de son char lumineux, reprend possession du monde qu'il avait quitté.

Il y a plusieurs cas, quoiqu'on en dise, où des êtres morts sont revenus sur terre après avoir passé ce qu'on appelait en Égypte les « portes de la mort », en égyptien : *Ro*, qui était également le nom des fèves avec taches noires, de là l'horreur des Égyptiens et des Pythagoriciens pour ces fèves qui étaient le symbole des portes de la mort et des mystères de Proserpine.

L'initié était dédoublé et allait consciemment

II. — Réincarnation des cellules matérielles (Crémation). (Voy. p. 17.)

traverser ces portes de la mort. Il revenait et était aussi sûr de l'existence au delà du tombeau qu'il était sûr de l'existence du soleil et de la lune. C'est pourquoi il prenait le titre de « scribe des deux vies », « de deux fois né » (Dwidja, en sanscrit) ou de baptisé.

Nous donnons ci-dessous le récit des impressions d'une ressuscitée, fait par une matérialiste contemporaine célèbre : Louise Michel.

Aux approches de la mort

Il est probable qu'à part certains points généraux chacun de nous éprouve, aux approches de la mort, des sentiments en rapport avec lui-même.

Voici les miens avec les circonstances qui les ont environnés.

J'entrepris en février 1904 une longue tournée de conférences avec le camarade Girault ; j'avais choisi pour titre *Prise de possession*, et Girault *Vers la cité meilleure :* les deux conférences se complétaient l'une et l'autre. On pouvait les faire cent fois sans que ce soit de la même manière, puisque la prise de possession de la terre par l'humanité commence au milieu des ruines du vieux monde à travers lesquelles croît le germinal nouveau. C'est dans ces décombres que cherchent à s'orienter les peuples vers une existence meilleure, plus consciente et plus haute.

La tournée devait comprendre une trentaine de villes de France, la Corse et l'Algérie.

Calais, Roubaix, Tourcoing et Liancourt eurent les premières conférences puisque je venais d'Angleterre.

Une tourmente de neige nous ayant enveloppés à Liancourt, je commençai à lutter contre une grippe tantôt vaincue, tantôt la plus forte.

A Troyes, où je passai quelques jours, le médecin et les camarades s'opposant à ce que j'allasse faire la conférence de Chaumont, je ne voulus pas faire occuper de moi en résistant, mais je sentais que ma volonté serait moins puissante ; la volonté se fausse comme l'acier d'une épée : il me semblait qu'en allant à Chaumont je serais guérie ; c'est à Chaumont que j'ai fait mes études et Chaumont était, avec Paris, les seules villes que j'avais vues avant mon voyage de Calédonie.

Lorsque j'allai à la conférence de Toulon, je crus avoir cette fois raison du mal et c'était dans cette conviction que je parlais à la fin de mon discours. Mais, une fois à l'hôtel Terminus, où je devais prendre un ou deux jours de repos, c'était moi qui était vaincue ; la grippe s'était changée en congestion pulmonaire.

Je descendis rapidement à un tel état que je songeais à cette expression qui peint l'anéantissement de toutes les forces du corps, *la guenille humaine* ; il me semblait en effet que mon corps traînait comme une loque ; la pensée, s'étant extériorisée, le regardait ainsi que toute autre chose.

Aux approches de la mort tout devient sensation ; d'abord dans des conditions comparables à celle de l'aiguille d'une boussole cherchant le Nord pendant les cyclones, les sens peuvent être employés l'un pour l'autre ; ensuite ils semblent être un seul les réunissant tous.

Il m'a semblé lire à travers mes doigts des dépêches que mon amie Charlotte tenait dans ses mains.

L'agonie se compose de trouble plutôt que de douleur ; on se sent glisser dans les éléments avec deux impressions, l'une vous emportant comme au fil de l'eau, l'autre disséminant dans l'espace l'être dont les molécules se désagrègent, comme un arôme se répand dans l'air ou une matière colorante dans un liquide. Cette sensation n'est pas sans douceur : il semble qu'elle pourrait durer longtemps ainsi.

La pensée se matérialise en symboles, en tableaux et sous cette forme elle est plus intense et plus haute.

Les souvenirs se composent des impressions éprouvées autrefois, qui se renouvellent plus fortes. C'est ainsi que me revenaient des sensations du même ordre que celles qui m'étaient présentes avec plus de puissance par la situation même.

En Calédonie, par un cyclone, le ciel, la terre, l'océan n'étant qu'une seule nuit où mugissaient les éléments déchaînés, tandis que des torrents d'eau se versaient dans les flots qui montaient précipités, cherchant à escalader le rivage de leurs griffes blanches d'écume ; je m'attachais aux rochers pour résister aux hurlements des abîmes qui m'attiraient au fond ; pensant que nous avions au fond des temps vécu dans les éléments, j'avais cette même impression en glissant dans l'infini avec la certitude que la mort est un retour aux éléments.

Il me souvenait d'une impression aussi de l'infini, mais pourtant d'un autre ordre ; l'un de nos amis, M. Huot, jouait sur son violon un morceau composé par un nihiliste qui n'a pas laissé son nom en mourant ; je ressentais la sensation d'autrefois, celle d'un gouffre encore dont on aurait, dans l'ombre, frappé de ses bras les étroites et humides parois ; là, encore, c'étaient les éléments qu'on entendait comme pendant les cyclones, mais qui chantaient.

Quand il est devenu difficile de parler, que la voix n'est plus qu'un souffle, ne pouvant qu'à peine évoquer une vibration dans la gorge où la soif a disparu, quand les membres sont pesants comme le marbre, un grand calme s'est fait ; les choses paraissent naturelles ; on se regarde du haut de la pensée ; le corps étendu devant elle, on ne se demande pas si l'on va vivre ou mourir : on regarde et c'est tout. On regarde là et ailleurs, partout le monde qui semble devenu plus petit, trop petit pour que la race humaine ne soit pas un seul peuple.

On regarde près et loin les morts et les vivants et comme autour d'une pierre jetée dans l'eau sont autour de vous des cercles concentriques, ces ondes, d'électricité, sans doute, s'en vont loin, très loin...

Le temps pèse comme un bloc, le passé semble encore, l'avenir est déjà, la personnalité a disparu et l'on regarde toujours : on est soi-même un regard.

Devant les yeux une nébuleuse s'est étendue pareille aux grands brouillards ; dans la chambre, je ne distinguais plus les personnes que par la forme, la stature, comme si les personnages étaient de grandes ombres chinoises.

Au loin, la pensée se matérialise toujours par images. La guerre apparaît comme une immense tache de sang avec des morts, des mourants, des chevaux sans cavaliers, les crins au vent et, plus loin, le grand désastre battant son plein : les mères, les petits, les vieux abandonnés ; l'incendie éclairant les ruines ; la famine, la peste comme au temps jadis et pourtant l'humanité parvenue à la prime jeunesse de la race, le vieux repaire estp eu à peu envahi par la lumière, la science, la vérité, comme les cavernes pleines de fauves ont été, après la trouvaille du feu, envahies par les familles humaines, la torche à la main.

Comment je suis remontée de là, je n'en sais rien ; c'est une réelle et cruelle douleur quand les molécules dispersées ou prêtes à l'être se rejoignent et qu'on remonte le courant de la vie, que la voix éteinte passe de nouveau à travers les lèvres déjà immobiles.

Est-ce le courant sympathique venant de partout vers moi qui est venu en aide aux soins de Charlotte et du savant docteur Bertholet ? Une chose surtout m'a frappée, c'est que je dois m'efforcer de mériter cette sympathie trop grande pour un seul être, tandis que tant d'autres tombent oubliés de tous.

Je me suis, dans mon étude sur moi-même, trompée sur l'évaluation du temps. Malgré les péripéties de la maladie, il m'a paru plus court.

Lorsque j'ai commencé à me trouver mieux, j'évaluais à une huitaine de jours l'agonie qui avait duré près de quatre semaines ; j'ai pensé alors à ces contes où le sommeil qui a duré cent ans et plus semble quelques heures.

Et pendant ce temps-là, là-bas en Orient, la question se dénoue à coups de hache ; le riz de Mandchourie germerait dans le sang au bénéfice des financiers russes et des financiers japonais pour la plus grande gloire du tzar si les étudiants et les moujiks laissaient passer l'heure du 89 ou du 93 du Nord.

La fraternité entre les peuples se cimente par tant de sang versé que nul assaut des despotes et de leurs inconscients troupeaux n'en pourra plus désagréger une parcelle.

Et concernant la guerre et les désastres, si les leçons données à la race humaine par tous les grands bouchers d'hommes n'étaient pas enfin comprises, ce serait à croire les hommes plus stupides que les animaux. Tandis qu'avec la jeunesse du XXe siècle, une ère nouvelle se prépare, toute de science et de paix, où tous et chacun useront, pour leur bonheur et celui des autres, des sciences, des arts, des découvertes que feront les cerveaux plus larges et les cœurs plus grands.

Louise Michel.

***

Quoi qu'il en soit, nous pouvons résumer, d'après les expériences initiatiques et d'après les récits de ceux qui sont revenus, l'état, de l'être humain tout de suite après la mort.

La sensation de la mort n'est pas douloureuse dans l'évolution normale, le suicide excepté. Cette sensation est analogue à celle que l'on éprouve dans un bateau glissant sur l'eau ; de là :

la barque d'Isis, la barque de Caron, et toutes les idées mythologiques qui traduisaient pour le peuple dans l'Antiquité les sensations du plan astral. Pour les modernes, la sensation est analogue à celle d'un voyage en chemin de fer, sans secousses. L'être ne croit pas qu'il a subi ce que nous appelons la mort ; il se figure être endormi et rêver.

En même temps, comme la mort est une véritable naissance pour les plans que nous appelons ici invisibles, l'être retrouve autour de lui tous ses parents, tous ceux qu'il croyait perdus et qui célèbrent son arrivée par des transports d'enthousiasme, alors que les pauvres délaissés de la terre se lamentent et croient à un départ définitif.

Pendant trois jours, dit la tradition initiatique, l'esprit, accompagné de son guide, peut visiter tous les points de la terre qu'il lui serait agréable de voir. Il peut apparaître, soit en rêve, soit directement (fantômes des vivants) (1) aux

(1) Voyez l'admirable livre de Camille Flammarion ; *L'Inconnu et les Problèmes Psychiques*.

êtres chers qu'il a laissés sur terre ; il peut même — et cela arrive souvent — suivre son convoi à l'état astral ; puis le sommeil arrive.

Il faut que les nouveaux organes astraux s'habituent aux plans dans lesquels ils vont désormais évoluer, et comme la nature ne fait pas de sauts, cette nouvelle adaptation se fait lentement, d'après l'évolution antérieure de l'esprit.

Pour les initiés, pour ceux qui sont déjà allés dans le plan astral, cette évolution est supprimée et le passage des portes zodiacales se fait avec la plus grande facilité. Pour les non-initiés et les profanes, ceux qui n'ont pas passé dans ce plan, qui est indiqué dans le grade Rose-Croix maçonnique par le squelette placé à l'entrée et à la sortie de la chambre rouge, pour ceux-là l'évolution est plus lente et le réveil peut attendre de un mois à un an de temps terrestre. Encore une fois tout ici est individuel. Les Hindous ont parfaitement étudié ces différences du temps, et ils nous montrent qu'une année du plan divin est l'équivalent de 365 années du plan terrestre.

Mesure du Temps chez les Indous

UNITÉS	VALEURS INDIENNES	VALEURS EUROPÉENNES EN ANNÉES TERRESTRES
1 Nimesha.......	26e/3 Trutis..................	8/45 de seconde.
1 Kastha........	18 Nimeshas 8 Vipalas..	3 secondes 1/5
1 Kala..........	30 Kabitas 4 Palas....	1 minute 3/5
1 Makurta.......	30 Kalas 2 Gharis...	18 minutes
1 Jour et une nuit (terrestres)...	30 Makurtas 60 Gharis...	24 heures
1 Jour et une nuit des Pitris....	30 Jours et nuits terrestres.	Un mois terrestre
1 Jour et une nuit des Devas	12 Mois terrestres.......	Un an (365 jours)
1 Année des Devas....	365 Jours et nuits des Devas....	365 ans
1 Kali Youg.....	1200 ans des Devas........	438.000 ans
1 Dvapars Youg.	2400 ans des Devas....................	876.000 »
1 Treta Youg....	3600 ans des Devas....................	1.314.000 »
1 Satya Youga...	4800 ans des Devas....................	1.752.000 »
1 Chatin Youga (4 Yougas)...	12.000 ans des Devas..................	4.380.000 »
1 Yuga des Devas..	12.000 chatu Yugas...............	52.560.000.000 »
1 Jour et une nuit de Brahma....	2.000 Yugas des Devas..........	105.120.000.000.000 »
1 Année de Brahma..	365 Jours et nuits de Brahma.	38.468.800.000.000.000 »
1 Manvantara...	71 Yugas des Devas...........	3.731.760.000.000 »
1 Chatur Yuga de Brahma...	12.000 ans de Brahma..	463.625.600.000.000.000.000 »
1 Jour et une nuit Parabrahm..	200 Yugas Brahma.	92.725.120.000.000.000.000.000 »

Aussi les Esprits ont-ils beaucoup de peine, lorsqu'ils sont évoqués, à fixer le temps terrestre dont ils ont perdu la notion.

Il est clair que nous ne pouvons entrer dans des détails concernant l'occupation de l'esprit dans le plan divin parce que c'est encore là un cas d'évolution individuelle : les uns participeront à la marche des êtres astraux, — c'était là l'idéal des Égyptiens : participer à la vie de Râ — ; les autres, plus modestement, participeront à l'évolution d'un minéral, et d'autres à la création des inventions terrestres ou martiennes. Il faudrait des volumes et des volumes pour aborder en détail ces sujets, dont nous ne pouvons ici qu'esquisser l'existence.

Une fois le réveil accompli, l'esprit utilise ses organes astraux, d'abord pour aider à l'évolution générale, ensuite pour constituer ses appar tements terrestres futurs... Nous disons terrestre. parce que nous parlons sur la terre ; mais la réincarnation peut se faire dans toute autre planète d'un système quelconque, en supposant que le système astronomique enseigné par les savants contemporains soit exact, ce que nous ne saurons qu'après la mort.

Ce qui va nous intéresser dans l'évolution

normale de l'esprit, ce n'est pas tant ce qu'il fera dans l'autre plan (qui ferait l'objet de recherches spéciales) que ce qui va se passer au moment où il va être sur le point de revenir s'incarner. L'ouvrage actuel a pour titre : *La Réincarnation* et ce n'est qu'épisodiquement que nous pouvons parler de ce qui n'est pas la réincarnation elle-même.

Nous allons donc étudier maintenant les phénomènes qui précèdent ce que nous appellerons les affres de l'agonie du réincarné, le grand sacrifice par lequel il va consciemment abandonner les régions spirituelles pour revenir participer aux épreuves et aux souffrances de la vie terrestre.

Nous aborderons ensuite les cas de réincarnation anormale.

IV

RETOUR VERS LA MATIÈRE

De même que l'homme, sur terre, change de plan quand les temps sont révolus, de même, dans le plan spirituel, l'esprit prend conscience que les épreuves doivent être poursuivies pour son évolution personnelle et l'évolution de tous les autres esprits, dont il n'est qu'un élément. C'est alors que le grand sacrifice lui est demandé.

Il est en pleine conscience de toutes ses incarnations antérieures, il sait ce qu'il a gagné ou ce qu'il a perdu dans ses dernières existences et il sait également quels sont les clichés dont il aura à triompher dans l'existence qui va s'accomplir.

Il y a une véritable agonie avec toutes ses affres, il y a une lutte terrible entre l'esprit et ses souffrances futures, analogue de l'agonie terrestre et de la lutte de la matière qui ne veut pas quitter l'esprit qu'elle incarne.

Devant les épreuves entrevues : le mariage douloureux, la mort des enfants, la séparation des êtres chers, la ruine terrestre, la prison, le déshonneur, le bagne peut-être compensés par quelques joies bien faibles, l'esprit est rempli d'angoisse, sa lumière s'obscurcit et il s'écrie, commentant la parole qui a retenti à travers toutes les sphères visibles et invisibles : « Eli, eli, lamma sabactani », mon père ! mon père ! m'as-tu abandonné !

C'est alors qu'interviennent les esprits de protection ; toutes les lumières des ancêtres, tous les rayons divins de l'envoyé céleste se concentrent vers la lumière obscurcie d'angoisse de la victime de la fatale évolution, et les chants célestes l'entourent et la réconfortent. Dans un moment d'enthousiasme sublime, passant en revue tout le cycle des êtres de tous les plans qui vont évoluer avec lui, l'esprit s'écrie : « Mon père, je suis prêt, permettez-moi seulement sur terre d'être un soldat de notre Seigneur, ne m'abandonnez pas et que votre présence me sauve dans cet enfer terrestre où je vais volontairement m'engloutir. » Puis les fluides du fleuve de l'oubli, fleuve astral et non physique, entourent l'esprit qui va descendre.

Cette perte de mémoire est indispensable pour éviter le suicide sur terre.

Il y a parfois dans le plan divin des signes d'une telle beauté que les pauvres êtres terrestres peuvent à peine les concevoir. Ainsi, quand le moment de la descente du Sauveur est arrivé, les esprits divins, qui viennent accomplir la mission sacrée, se groupent autour de l'envoyé du Père, et, devant la grandeur de leur mission, devant la terreur des épreuves à traverser, les louanges se mêlent aux gémissements. Un esprit, plus ardent que les autres, s'écrie : « O Maître !

nul ne peut t'aimer plus que moi, nul n'est plus sûr de t'être à jamais fidèle. » O paroles imprudentes ! le destin veut un traître, le destin veut un ingrat pour que les clichés rituels s'accomplissent, et celui qui présume trop de sa force sera Judas, celui qui se croit incapable d'abandon sera Saint-Pierre et il entendra les trois chants du coq.

Mais jetons un voile comme le fait la Nature, laissons les fluides d'ombre se condenser autour de la lumière spirituelle, laissons les esprits s'engrener dans les sphères astrales qui vont les conduire aux portes du Zodiaque et de là à la terre, et rappelons-nous ce que dit Virgile dans son *Énéide*, Livre VI :

Cependant Énée aperçoit dans un coin du vallon un bocage isolé ; les eaux du Léthé baignaient ce lieu tranquille. Sur les bords du fleuve voltigeait une foule d'ombres de toutes les nations de l'univers : ainsi, durant les beaux jours de l'été, les abeilles se répandent dans les prairies, se reposent sur différentes fleurs et volent autour des lis ; toute la campagne retentit du bourdonnement de l'essaim.

Énée surpris demande à son père quel est ce fleuve, et pourquoi toutes ces ombres paraissent si empressées sur le rivage.

Ces âmes, répondit Anchise, doivent animer de nouveaux corps ; c'est pour cela qu'elles viennent en foule sur les bords de ce fleuve, dont les eaux qu'elles boivent à longs traits leur font perdre le souvenir du passé. Depuis longtemps je souhaite vous faire connaître, mon fils, celles de ces âmes qui doivent composer votre glorieuse postérité : cette connaissance augmentera la joie que vous devez avoir de votre heureuse arrivée en Italie.

O mon père, interrompit Énée, est-il croyable que ces âmes retournent sur la terre pour animer une seconde fois des corps mortels ? Est-il possible qu'elles désirent avec tant d'ardeur revoir la lumière et qu'elles aient tant de goût pour cette malheureuse vie.

Virgile. *L'Énéide*, livre VI,
édition Ernest Flammarion.

Les étapes de l'âme descendant vers la terre ont été admirablement décrites par Saint-Yves d'Alveydre, et nous ne pouvons mieux faire que de répéter son admirable évocation d'un des plus grands des faits spirituels. (Saint-Yves. *Descente de l'âme.*)

Les mystères de la Naissance

Il est quelque chose d'aussi grave que la Mort : la Naissance.

La Vie est le sourire de la *Nature* ; la Naissance est le baiser qu'elle donne à l'âme humaine.

Respect à la femme ; la présence réelle de la *Nature* est en elle.

Ionah, la vertu plastique de la nature, l'habite et s'y plaît.

Rouah, l'esprit, l'amour, descend du ciel se reposer et se jouer dans son cœur ; le grand secret de la création lui sourit dans un enfant, lorsqu'une âme descendue en elle la regarde à travers des yeux.

Immortelle après la mort, l'âme l'est avant sa naissance.

Par la Femme, dans l'état social, les ancêtres rentrent dans les générations.

Évoqué à la vie sociale conformément aux Mystères du *Saint-Esprit* et à ceux du Père, ou d'une manière profane, l'ancêtre immortel, qui va devenir l'enfant sujet à la mort physique, vient, à son temps marqué, là où il doit venir.

Pendant cette évocation, qui commence par un vertige d'immortalité, selon son gré dans les hiérarchies psycurgiques, l'âme quitte l'un de ses séjours cosmogoniques, et vient.

Invisible, mais sensible aux cœurs épris, elle hante doucement la femme qu'elle doit hanter, et, durant neuf révolutions lunaires, noue ses effluves sidérales, par le sang et par l'âme de la mère, au corps terrestre, dont la première aspiration va l'engloutir.

Ce nom d'âme, en français, est magnifiquement conforme au Verbe céleste.

Il est la racine même d'amour.

Qu'est-ce que l'âme ?

Ouvrez, avec les clefs voulues, le texte en hébreu du Sépher Bœreshith, du Livre des principes cosmogoniques, et, si *Dieu* le veut, la Science divine des sanctuaires égyptiens vous répondra par Moïse, et vous dira ce qu'est Aïsha, faculté volitive d'Aïsh.

Un ancêtre vénéré a levé le premier voile du sens caché ; mais pas plus que lui, je ne veux lever le second, si ce n'est en parlant, au second chapitre, du *Mystères des sexes* et du nom de Jéhovah.

Voici tout ce que je puis dire pour le moment.

Principe immortel de l'Existence, cause rayonnante à travers le corps visible et le corps invisible, l'âme est.

La théurgie la trouve ; la psycurgie, qui est la science de l'art d'aimer et de vouloir, la prouve expérimentalement.

En physiologie, elle est la force qui anime et meut, attire ou repousse, élit ou élimine.

La Naissance est donc grave ; l'amour et les sexes sont choses religieuses, et rien n'est banal dans la *Nature* pas plus qu'en *Dieu*.

La Naissance est la corporisation des âmes.

Vous préexistiez à votre naissance, vous survivrez à votre trépas. C'est pourquoi, au nom de

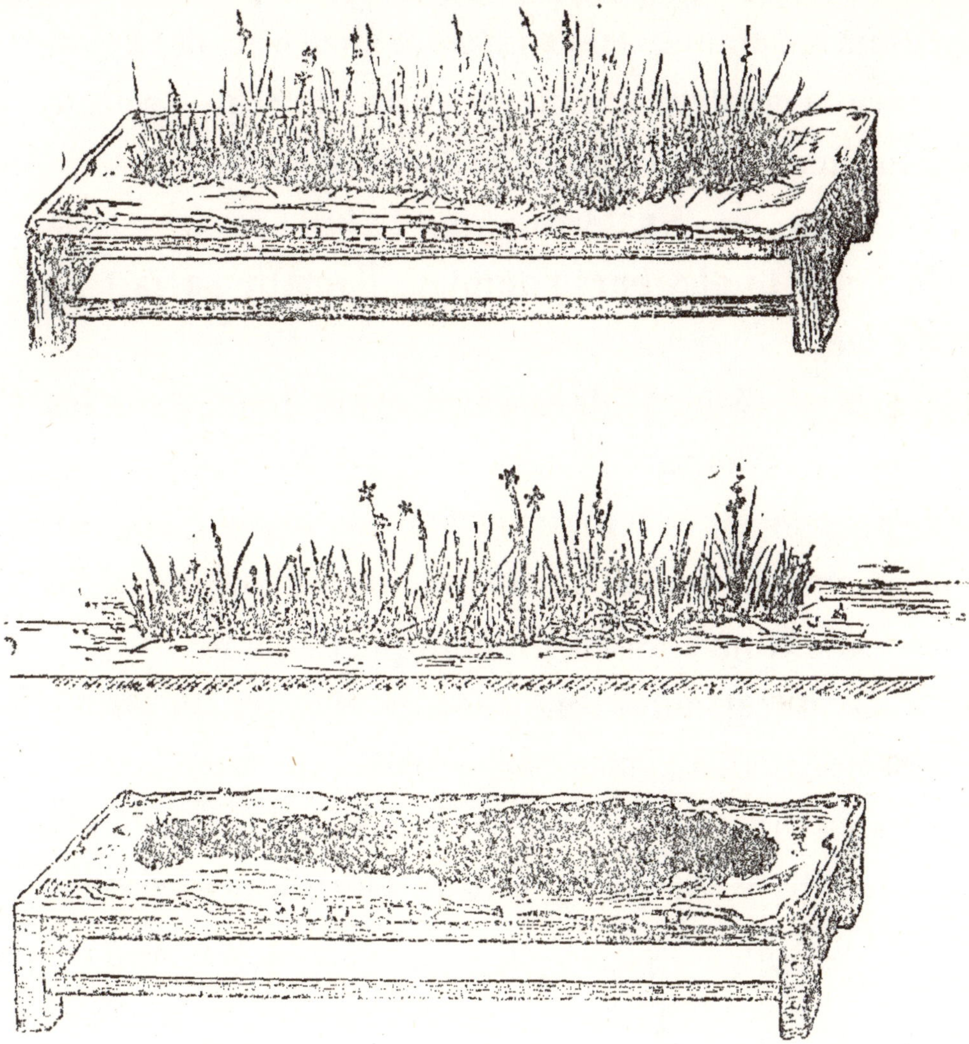

III. — L'Osiris végétant (Voy. p. 19).

Moïse, au nom de Jésus et de Mahomet, debout ! Et écoutez !

Savoir, c'est se souvenir : souvenons-nous donc ensemble, *Ames* immortelles, qui, dans l'espèce terrestre, soupirez après le règne céleste de l'homme, et voulez le divin de la vie.

Dans les *Mystères du Saint-Esprit* est la science totale, l'art complet, l'amour parfait de la vie.

Ils se révèlent dans l'aurore du jour, dans les yeux des fiancés et des époux, dans le sourire et les larmes de la maternité.

Penchez-vous sur ce berceau, orient de la Vie sociale, tombeau cosmogonique de l'âme.

Dans cet enfant palpite un *Mystère du Saint-Esprit* et de l'*épouse* du père.

Cet enfant est un ancêtre, une âme céleste dans une effigie terrestre, une immortalité qui vient se mortifier, se purifier dans la douleur, se parfaire dans l'épreuve, poursuivre, où et comme il faut, soit l'expiation, soit l'élaboration, soit la mission, la création depuis des siècles commencées et reprises.

L'inégalité des conditions n'est donc, pour le sage, que ce qu'elle devrait être dans un état social parfait : l'échelle d'équité qui gradue les états psycurgiques, les nécessités indispensables aux âmes pour évertuer leur bonne volonté dans une sphère sociale correspondante à celle de leur ciel.

C'est pourquoi l'Initiation graduée des sexes et des rangs est voulue par la Providence, afin que l'homme cesse de maudire le destin qui, le plus souvent, est la loi qu'a suscitée sa volonté.

Mais, je le sais, la science seule ne peut éclairer vos âmes, et je vais demander à l'art un secret psycurgique, grâce auquel, doucement, les poètes de la Promesse pourront par la suite les attirer et les entraîner dans le mouvement de la lumière du *Saint-Esprit*.

Ainsi, cette âme est née au monde des effigies et des épreuves, et elle en crie.

Son élément était le fluide céleste, la lumière intérieure de l'univers, l'éther spiritueux, le dedans et l'endroit de la substance cosmogonique.

La voilà à l'envers, au dehors, en pleine nuit.

Elle ne voit plus son corps céleste : il s'éclipse.

Elle en a perdu la science, la conscience, la vie réelle. Son intelligence se ferme, sa clairvoyance directe ne voit plus, son entendement n'entend plus, sa sensibilité psycurgique est partout accablée.

Entre elle et l'Univers s'interpose un obstacle terrible, quelque chose d'obscur et de limitant, de courbe, d'obtus, d'âcre et de chaud, étrange composé qui bruit et fourmille, voile savamment et artistement tissé, replié sur lui-même et sur elle, dont toutes les contextures animées, images de l'Univers, en communion précise avec Lui, figures des facultés de l'Ame, en conjonction substantielle et spécifique avec elle, s'enlacent et l'enlacent dans les méandres tortueux des organes et des viscères : c'est le corps.

Si le corps crie, c'est que l'Ame souffre.

Elle veut fuir ; mais elle retombe sous une irradiation qui lui rappelle la Lumière vivante, *Ionah*, la substance céleste ; c'est un baiser maternel.

Parfois, il lui semble qu'elle est morte. Elle se rappelle comme dans un songe l'immensité de cette Lumière secrète où elle se baignait nue dans les tourbillons resplendissants, les croupes, les vallons éthérés d'un astre aimé, sans atmosphère élémentaire, sans attraction physique, monde des essences, des arômes et des parfums de la Vie, d'où elle entendait monter et descendre les Harmonies et les Mélodies intérieures des Temps et des Espaces, des Êtres et des Choses, d'où elle s'élançait, frémissante, à la voix intime des bien-aimées, pour contempler *Shamaïm*, l'Éther, la Mer azurée du Ciel, les îles, les flottes sidérales, les mouvements de leurs Génies animateurs et de leurs Puissances animatrices.

Comme un reflet d'étoile sur une eau qui frissonne, un souvenir tombe et tremble encore en elle de la grande réalité.

Elle exhale encore la céleste ambroisie des *Mystères* éternels du *Saint-Esprit*; et les effluves de l'autre Monde ne s'évaporent que lentement de sa balsamique essence que la Mère boit, respire et baise avec une ivresse étrange pour des profanes.

Ne t'envole pas, doux reflet de l'Astre des Mages ! Immortelle, souviens-toi !

Elle croit les voir encore, les blanches, les divines, hommes et femmes, déesses et dieux, diaphanes, lumineuses formes, types de la Beauté, calice de la Vérité, se mouvant, planant, s'enlaçant dans les ondes magiques du céleste Amour dans les communions éblouissantes de la Sapience.

Ne sont-ce point encore les Théories sacrées, les Poèmes vivants du Verbe occulte, les Hymnes des Pensées créatrices, les Symphonies des sentiments animateurs, des enseignements hiérarchique des Cercles psycurgiques, le trouble saint des grands Mystères, les Dieux, rayon du Dieu dont la Lumière est l'ombre, le sillon lumineux, le vol aromal des Génies, des Envoyés, des Intelligences parfaites, des Esprits immortels, des Ames victorieuses et glorifiées.

O vertige ! là, n'est-ce point encore le quadruple cercle inférieur des âmes montant ou descendant l'océan fluidique, étincelant, sur lequel passe la brise de l'Amour, dans le fond duquel crient la Naissance et la Mort.

N'est-ce point encore ?... Mais qu'allais-je dire ?

Que s'est-il donc passé ? Chante, fille des Dieux !

Écoutez !

Un grand trouble, un vertige, un enivrement subit une attraction douce et terrible, une incantation des Astres, un mot d'ordre, un cri de sphère en sphère, des adieux déchirants à la Vie supérieure, aux bien-aimées, une prière, une cérémonie solennelle aux rites funèbres, une dernière étreinte, un dernier baiser, un serment de se souvenir et de revenir, un Génie aux pieds ailés qui prend l'Immortelle et l'entraîne vers les gouffres, l'Immensité d'en haut qui se ferme, celle d'en bas qui s'ouvre avec fracas, l'Océan tumultueux des Générations, abîmes d'Ames gagnant ou quittant la cime ou le fond de l'atmosphère d'un autre astre, bataille électrique des passions et des instinct de la Terre... puis... quoi donc ?

C'est l'orbe de la Terre, c'est l'Océan métallique déroulant ses flux, enroulant ses reflux.

On traverse les tourbillons d'âmes qui s'élèvent et s'abaissent, les unes diaphanes et pures, spiritualisées et légères, s'exhortant à vaincre celles qui s'opposent à gravir, dans la lumière, l'échelle des rayons célestes, à franchir la région des Nuées et des courants fluidiques, à gagner la Citadelle Ignée du Feu supérieur, les cercles de l'Éther ; les autres, obscures et marbrées de taches comme depeaux de fauves et de reptiles, souillées par les vices, enténébrées par les crimes, matérialisées par l'Instinct, alourdies par l'Égoïsme, impuissantes à briser les fleuves électriques de l'air, emportées par les Orages et les Vents, roulant loin de la barque d'Isis dans le puits démoniaque de l'abîme, dans le vertigineux cône des ténèbres que la Terre traîne dans les Cieux, criant dans le Silence, s'accrochant aux premières et essayant de les entraîner avec elles pour diminuer d'autant le poids épouvantable du Destin.

Qu'est-ce encore ? Souviens-toi !

Ce sont, dans l'Atmosphère, les Nuées, les grands Courants polaires,les souffles de l'Orient, les rafales de l'Occident, les fleuves aériens secouant l'écume des nuages, agitant leurs serpents électriques ; c'est l'Océan inférieur de l'Air, avec ses quatre régions, celles des aigles, des grands migrateurs, des alouettes et des colombes.

Dans cette dernière, commence le règne de la Substance plastique sur la Terre, avec ses quatre Nômes : Minéral, Végétal, Animal, Hominal, et ses sept Tourbillons de Puissances génératrices et de Générations spécifiées.

Après les cirques et les amphithéâtres vertigineux des montagnes blanches, après la féerie éblouissante des Glaciers et des Abîmes, voici venir à l'infini les molles ondulations des collines vertes, l'écoulement écumeux des torrents, le serpentement écailleux des rivières et des fleuves métalliques, le balancement des Forêts sonnantes, l'immensité circulaire des campagnes herbeuses, où courent et se jouent des frissons.

C'est la Terre, l'une des mille Citadelles du Royaume de l'Homme, Fils immortel et mortel de *Dieu-les-Dieux*, c'est Démêter, c'est *Adamah*, le monde des effigies et des Réalités physiques, l'Enfer, le Purgatoire, le Paradis, selon l'Ame qui s'incarne selon, l'Esprit qui règne dans la chair des Ames incarnées, selon la Foi, la Loi, les Mœurs de l'État-Social.

Voici les cercles de pierre des Métropoles, des Cités, des Villes et des Villages, avec le bourdonnement des voix d'airain qui, du haut des dômes et des clochers, scande et annonce, au-dessus du fracas des grandes eaux populaires, la Naissance et la mort.

L'Immortelle s'arrête brusquement ; s'attachant avec force à la clarté des Astres, elle mesure l'espace parcouru, la distance qui la sépare des Cieux :

— « Grâce ! dit-elle à son Guide !

— « Courage ! Tu l'as juré ! Là-haut, la couronne de la Foi, là-bas l'Épreuve ! »

— Pardonne ! Oui, j'ai peur ! Si, là-bas, j'allais ne plus pouvoir rassembler mes souvenirs !

— « Tu le pourras en rassemblant les Sciences. »

— Du moins, dis : dans quel État Social, dans quelle Race, dans quelle Nation, dans quel Foyer ?

— « Ici, répond le Guide ailé des Ames, ici, la Génethliaque céleste indique la trame de ta destinée. »

— Pour longtemps ?

— « Jusqu'à l'accomplissement. »

— O mon Génie ailé, quels sont ces chœurs d'Ames qui nous suivent ?

— « Ce sont les Ancêtres qui te font le cortège ; car je vais remonter. »

— Déjà ? Je me sens de nouveau défaillir !

— « Courage donc, Ame immortelle ! Je reviendrai si tu sais vouloir. »

— Où suis-je ? Ciel, Terre, tout a disparu ; mais une attraction invincible m'enchaîne tout entière.

— « Ame mortelle, voici ta Mère !

IV. — Évolution en astral des Formes animales (Voy. p. 32).

« Au nom de Dieu, au nom de la Nature, au nom d'Iod et de Hévah, voici ta patrie vivante ici-bas.

« Sois unie à elle par toutes les Puissances magiques de la Vie !

« Adieu ! »

Elle se rappelle encore ses entretiens avec l'Ame maternelle, leur indivisible et mutuelle pénétration, leurs communions mystérieuses, pleines de souvenirs et d'espérances sur-terrestres, douleurs et joies, frissons, extases, musiques muette, le lent enroulement des neuf cercles séléniques, l'incantation des épigénèses, puis... une souffrance cruciante terrible, une vapeur sulfureuses, un effluve ferrugineux montant brusquement des Gouffres ignés de la Terre, tourbillonnant, l'arrachant à l'Ame maternelle, la clouant à un vide pneumatique, à un antre pulmonaire chaud, mouvant... un cri dans cet antre, dans cet effigie creuse et... le Souvenir rentre dans ses profondeurs avec les Innéités célestes.

Il ne reviendra plus que par la Science.

***

O vous qui mettez votre honteux honneur à descendre du gorille, vous mériteriez de n'en pas remonter !

Éloignez-vous de ce Mystère céleste ; laissez prier ici les femmes.

Elles sauront dire au moins : « Notre Père qui êtes aux Cieux... »

Vous, restez, Vierges, Épouses, Mères, Aïeules, Druidesses de l'Arbre de la Vie ; restez près de ce Gui vivant, priez l'Ancêtre des Ancêtres.

Et sachez que si, dans le cercle des générations, le Père donne le germe de l'effigie, le mouvement initial de l'Espèce, la Mère sa substance et la forme spécifiées, contrairement aux âmes des animaux qui viennent du Feu terrestre, l'Ame humaine vient du Ciel.

Appelez donc le Prêtre, pour qu'au nom de l'État-Social, l'Espèce humaine salue la Loi du Règne et l'ordre du Royaume.

Quel prêtre, direz-vous ?

Celui de votre Foi et de vos Mœurs sociales : pope, curé, pasteur, rabbin ou marabout.

Faites accueillir solennellement ce nouveau-né.

Car, en vérité, je vous le dis : la naissance est chose aussi grave que la Mort, c'est un des Mystères qu'il fallait entr'ouvrir à vos yeux (1).

***

Voici l'esprit attaché à son corps matériel. N'oublions pas que la nature ne fait pas de sauts (natura non facit saltus). Aussi cet état spécial, qui sera appelé l'enfance terrestre, sera un véritable état mixte dans lequel l'esprit vit encore sur deux plans. Jusqu'à l'âge de sept ans, cette existence double a lieu, et l'enfant voit ses ancêtres, voit son génie familier lui apparaître souvent et jouer avec lui. Si les parents sont assez intelligents pour ne pas couper ces relations, cette existence en partie double

(1) Saint-Yves d'Alveydre. *Les Clefs de l'Orient*, 1 vol. in-8, Dorbon-Aîné, éditeur.

peut avoir une grande importance dans la destinée terrestre.

Il nous faut ici dire un mot d'un grand mystère : c'est d'abord, que l'esprit peut essayer plusieurs corps et ne prendre définitivement possession que du plus fort. Dans la mort des tout petits enfants, il n'y a pas toujours retour de l'esprit au plan divin : il y a essai des différents corps, ce qui est toute autre chose. On peut, en général, dire que cet essai ne dépasse jamais sept mois. Ensuite, à l'état d'enfance, il existe un lien astro-spirituel entre les divers plans par lesquels a passé l'esprit.

Résumons :

1° Agonie terrestre ;

2° Mort terrestre et naissance au monde spirituel ;

3° Constitution des organes astro-spirituels ;

4° Vie spirituelle, participation indirecte à la vie terrestre et constitution des futurs organes physiques par la création de leurs clichés astraux ;

5° Apparition des épreuves de la future incarnation, acceptation libre et volontaire de toutes ces épreuves, demande de réincarnation ;

6° Agonie spirituelle. Absorption des fluides du Léthé (Oubli), et descente vers la terre ;

7° Naissance terrestre et constitution progressive des organes du corps physique.

Les anciens Égyptiens prétendaient qu'à la naissance une partie des forces astrales se refugiait vers l'étoile polaire pour revenir animer le double après la mort et la momification. Cela nous conduit au cycle des réincarnations anormales.

Les Réincarnations anormales

Vous pouvez être puni jusqu'à la septième génération, dit l'Écriture.

Cette phrase est incompréhensible si l'on ne connaît pas le mystère de la réincarnation.

Physiquement, une maladie peut modifier les corps physiques pendant trois générations, sinon plus. Astralement et spirituellement cette modification peut s'étendre jusqu'à sept générations, comme le dit l'Écriture très justement.

Supposons un homme chargé d'une responsabilité sociale terrible, jouant dans la société profane le rôle de juge, source, généralement, ou d'un destin affreux ou de récompenses sublimes. Supposons, de plus, que cet homme soit un sceptique, ne croyant à rien qu'au plaisir immédiat, et jugeant les autres hommes comme lui-même. Par son athéisme transcendant et sa certitude de la non-responsabilité effective de ses actes, couverts par sa situation sociale, cet homme a accumulé, au moment de sa mort, les difficultés les plus grandes pour les siens, en se disant, avec un bon sourire : « Après moi la fin du monde. »

Un pareil être a déterminé, sans le savoir, lui-même son destin ; il a voulu qu'il n'y ait pas d'autre monde, il n'y en aura pas pour lui. Il meurt âgé, entouré de la fausse considération terrestre, il n'a jamais fait de bien durant sa vie qu'à lui-même, il a été un cancer social, aussi le plan divin est-il fermé pour lui.

N'ayant pas d'habitation spirituelle de l'autre

côté, il se réincarne immédiatement dans un de ses petits enfants ou dans un petit enfant de pauvre, s'il n'a pas de famille lui-même. Mais généralement c'est lui-même, comme descendant de lui-même, qui vient recueillir les intérêts négatifs du capital d'épreuves qu'il a constitué.

Il éprouve donc, à la seconde génération, tout ce qu'il a voulu fuir. Le petit-fils du magistrat a des instincts épouvantables, il se révolte contre tout : famille, société, religion, c'est une « forte tête ». Il accuse son ancêtre de tous ses malheurs, ne sachant pas, le malheureux, que c'est lui-même qui établit son jugement. La prison, qu'il a largement distribuée aux autres, s'ouvre pour lui, et c'est là que, quelquefois, un rayon céleste vient le chercher, c'est là que dans les épreuves les plus dures son esprit reprend conscience de l'existence d'un au-delà, et qu'il est peu à peu ramené vers ce plan divin qu'il avait méconnu et qu'il avait insulté.

Un autre cas de réincarnation anormale assez fréquent c'est le suicide.

Le suicide a été laissé à l'homme en compensation de l'oubli des existences antérieures. Si l'homme avait conscience de tout ce qu'il lui faut racheter, il ne voudrait même pas commencer la vie physique et se suiciderait de suite. Enfin, dans un moment de lâcheté, de folie, de désespoir, l'homme a rompu volontairement le lien qui le retenait au corps physique. Ici non plus on ne peut pas faire de règle générale : il y a des suicides du destin, qui ne déterminent aucune douleur car c'est une terminaison normale et prévue d'une vie terrestre ; il y a des suicides dus à la folie, pendant laquelle l'esprit est étranger à son corps (*alienus*) ; il y a des suicides causés par des larves astrales... et une foule d'autre cas.

Sans poser de règle générale, on peut dire que l'homme qui s'est suicidé consciemment n'est pas reconnu mort par la Nature. C'est le terrible supplice de Tantale : il a soif, il a faim sans avoir d'organes physiques pour réaliser son désir ; il a des besoins de sommeil atroces, sans organes physiques pour reposer son esprit ; il revient, dans des moments de colère terrible, vers son corps refroidi, et, souvent, de retour dans la tombe, il entre dans son cadavre et le retourne. Il hante les réunions spirites et les centres de prière, demandant des secours à tous les cœurs compatissants, et c'est seulement le jour où le destin avait déterminé sa mort réelle que la délivrance a lieu.

Dans ce cas, il peut manquer au corps physique futur l'organe que l'homme avait volontairement supprimé dans son existence antérieure, ou, tout au moins, le fonctionnement de cet organe peut être gravement compromis. C'est ainsi que les gens qui se font sauter la cervelle peuvent naître avec des troubles cérébraux graves, de l'épilepsie, de l'idiotie, ou des retards intellectuels que le médecin terrestre ne peut s'expliquer. Ceux qui se sont empoisonnés naissent avec des troubles gastriques qu'aucun médicament ne peut calmer et promènent dans toute une existence terrestre la douleur constante d'un centre digestif impossible à remettre d'aplomb. Les pendus naissent difformes et bossus...

Mais nous ne pouvons établir une chaîne de modifications physiques, qui serait purement imaginative. Nous avons voulu seulement indiquer ici les grandes clefs d'un mystère.

Aussi, Mesdames, si vous voulez connaître la véritable recette de la beauté actuelle et future, soyez croyantes, soyez charitables, soyez bonnes dans tous les plans, et vous reviendrez nous charmer dans des corps de plus en plus parfaits. Empêchez les suicides autour de vous, et devenez l'exemple de la résignation aux épreuves terrestres : vous éviterez ainsi les terribles réincarnations anormales.

Les Égyptiens et le Double

Il nous reste à parler d'une forme de réincarnation anormale qui a existé sur terre pendant des siècles et des siècles : c'est ce que nous appellerons la réincarnation du double chez les Égyptiens.

Ce mystère a été très peu approfondi, et il nous faut cependant en dire quelques mots.

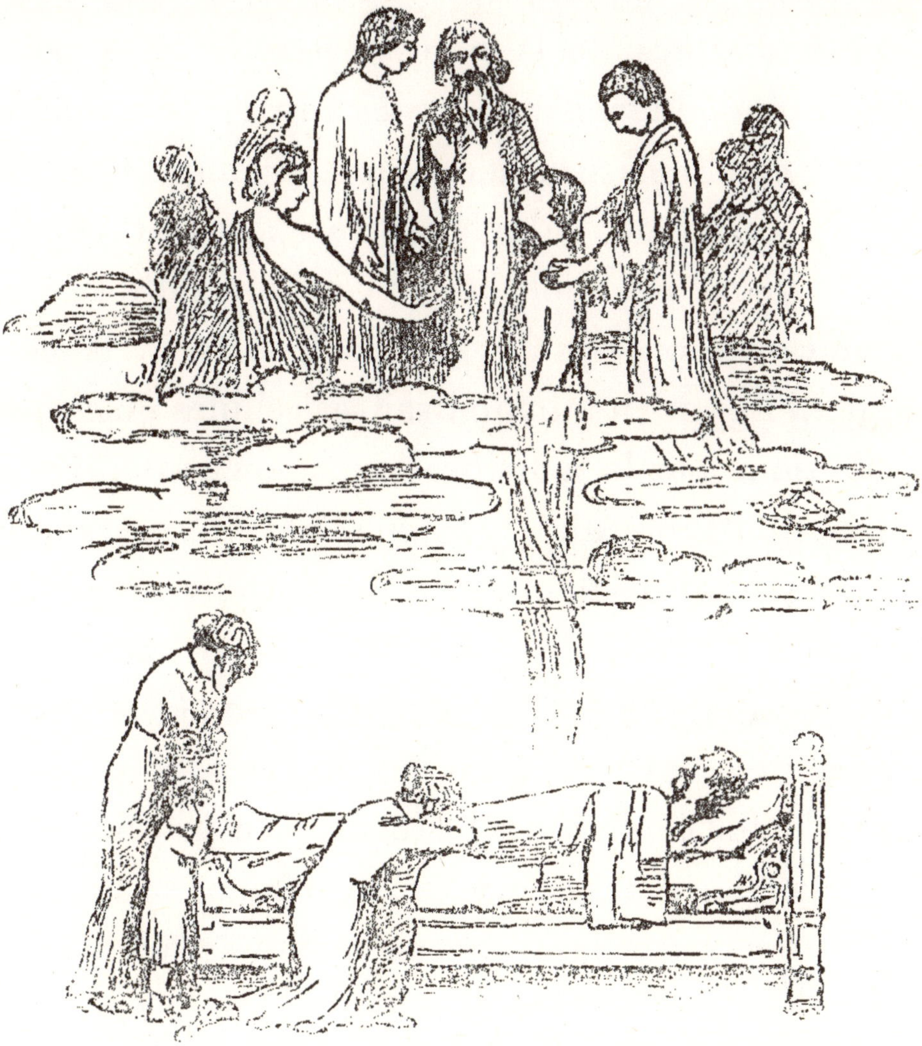

V. — La Mort physique et la Naissance astrale (Voy. p. 63).

L'Égyptien, dont nous ne connaissons qu'imparfaitement toute la grandeur à l'heure actuelle, a voulu lutter face à face contre les forces les plus terribles de la nature, il a forcé le pôle magnétique terrestre à rester en Égypte pendant plus de 55 siècles, alors que le temps normal d'évolution de ce pôle est un siècle et demi. Il a, de même, voulu lutter contre cette loi de la réincarnation, qu'il connaissait si bien. A cet effet, l'Égyptien immobilisait les cellules du corps physique par la momification, il enchantait l'astral qu'il appelait le double, par des cérémonies qui précédaient l'introduction de la momie dans son tombeau, par cet enchantement, il attachait le double à la momie, il empêchait une partie de l'évolution astrale et, par suite, une partie de l'évolution spirituelle. L'esprit accomplissait bien dans le plan divin une série des fonctions qu'il devait normalement accomplir, il participait à la nature de Dieu ; mais la réincarnation était longuement reculée.

Les villes de tombeaux étaient donc réellement habitées par des êtres astraux, et cette existence astrale importait bien plus à l'Égyptien que son existence physique.

Les charmes magiques avaient rendu positifs les aliments et les serviteurs figurés dans le tombeau, et ainsi se résolvait le problème de la lutte consciente de l'homme contre les décrets divins. C'est ce que nous pourrions appeler la réincarnation forcée, cas tout spécial de réincarnation anormale.

Pour réussir cette opération, il fallait un ensemble de circonstances qui ont été rarement accomplies, si bien qu'on peut dire sans crainte que, malgré toute leur science et toute leur magie, les Égyptiens ne réussissaient l'enchantement véritable du double qu'environ une fois sur mille essais, ce qui est déjà beaucoup.

Tels sont les cas les plus fréquents de réincarnation anormale.

Nous avons ainsi passé en revue les différentes phases de la vie spirituelle avant la réincarnation. Nous allons pouvoir aborder maintenant l'étude rapide de l'influence de la réincarnation sur la vie sociale.

V

LA VIE SOCIALE ET LA RÉINCARNATION

Sans la notion de la réincarnation, la vie sociale est une iniquité.

Pourquoi des êtres inintelligents sont-ils gorgés d'argent et comblés d'honneur, alors que des êtres de valeur se débattent dans la gêne et dans la lutte quotidienne pour des aliments physiques, moraux ou spirituels ?

L'homme est tellement orgueilleux qu'il ne peut admettre que c'est lui-même qui se punit, et qu'il donne la faute de sa vie d'épreuves à sa famille, c'est-à-dire à ses ancêtres, au milieu social, à son corps physique et même à Dieu.

Toute l'antiquité enseignait comme un mystère le secret de la réincarnation et de ses conséquences sociales. Sans vouloir faire d'érudition, qui serait ici déplacée et peut-être au-dessus de nos moyens, nous rappellerons que la genèse de Moïse, écrite d'après des documents égyptiens et reconstituée par Daniel pour Esdras, a trois sens :

1° Un sens théogonique, reconstitué par Saint-Yves d'Alveydre dans sa Mission des Patriarches ;

2° Un sens physiogonique, reconstitué par Fabre d'Olivet;

2° Un sens sociologique, reconstitué par Lacour dans son livre sur les Éloïms et par Heibling.

Or c'est dans ce dernier sens que l'enseignement secret des mystères est donné, et qu'on montre la réincarnation comme origine des différences sociales (1).

Celui qui s'est mal conduit dans une existence antérieure, sera puni dans une existence ultérieure. Il est inutile de dire que cette exis-

(1) Voy. Heibling. Lettre à Papus. *Initiation,* mars 1912.

tence peut se passer dans différentes planètes, car toutes les planètes sont habitées et la terre est un des cercles de l'enfer de l'invisible ; c'est pour cela que nous sommes presque tous ici des démons et que les épreuves y sont si multipliées.

L'idée égyptienne de la réincarnation passe à la Grèce par Pythagore et ses disciples. Empédocle d'abord, puis Platon ont popularisé cette conception.

On lit dans « Timée » de Platon, ces paroles à double entente :

Les lâches sont changés en femmes, les hommes légers et vains, en oiseaux, les ignorants en bêtes sauvages d'autant plus rampantes et plus courbées sur la terre que leur paresse a été plus dégradante, les hommes souillons et gourmands vont animer des poissons et des reptiles aquatiques.

(Timée. Dialogue de *Phèdre.*)

On lit dans le Phédon :

Ceux qui se sont abandonnés à l'intempérance, aux excès de l'amour et de la bonne chère, et qui n'ont eu aucune retenue, entrent vraisemblablement dans le corps d'animaux semblables, et ceux qui n'ont aimé que l'injustice, la tyrannie et les rapines, vont animer des corps de loups, d'éperviers et de faucons. La destinée des autres âmes est relative à la vie qu'elles ont menée.

Ces extraits ont rapport à la réincarnation plutôt physique que spirituelle ; il s'agit ici de métempsychose et nous avons indiqué dans notre premier chapitre la différence qu'il y avait entre la métempsychose et la réincarnation.

Plotin, dans ses *Enéades*, nous dit :

C'est une découverte reconnue de toute antiquité que si l'âme commet des fautes, elle est condamnée à les expier en subissant des punitions dans les enfers ténébreux. Puis elle est admise à passer dans de nouveaux corps pour recommencer ses épreuves.

Autre part, Plotin dit :

Quand nous sommes égarés dans la multiplicité, nous en sommes punis d'abord par notre égarement lui-même, puis, quand nous reprenons des corps, nous avons une condition moins heureuse.

Les Druides enseignaient également la réincarnation avec la métempsychose comme corrollaire pour le corps physique.

Ce qui nous intéresse ici, c'est l'influence de la réincarnation spirituelle dans la vie sociale, et nous n'avons cité tout ce qui précède que pour montrer que cette idée n'est pas neuve et qu'elle a formé le fond de tous les mystères de l'Antiquité.

L'esprit sortait du Zodiaque par la Porte de la Mort, ou le Capricorne ; il y rentrait par la Porte de la Vie, ou le Cancer (1).

(1) PORPHYRE dans son *Antre des Nymphes* rapporte que les Egyptiens reconnaissent au ciel deux portes : l'une située au tropique du Cancer était appelée *la Porte des Hommes*, c'est-à-dire vers les Hommes. C'était celle par laquelle les âmes venaient sur la terre animer les corps des Hommes. La deuxième porte nommée la *Porte des Dieux* ou vers les Dieux était placée au signe du Capricorne et avait pour usage de donner passage aux âmes qui, après la mort, remontaient au ciel, la première porte était la Porte de la Vie, l'autre la Porte de la Mort ou de l'Enfer (DE BRIÈRE).

On peut dire, en général, que la vie sociale actuelle est déterminée par l'état antérieur de l'esprit et qu'elle détermine l'état social futur. Un brigand qui attaquait et dévalisait beaucoup d'êtres humains dans son incarnation antérieure, est obligé souvent de revenir ultérieurement pour soulager et soigner ceux qu'il a molestés auparavant. Un Roi, ou un chef de société, qui a mal usé de ses pouvoirs, revient subir le châtiment des lois injustes qu'il a promulguées. C'est là la loi d'airain, l'action du destin sur l'esprit ; mais l'esprit humain a cela de particulier c'est que s'il ne peut rien sur la constitution de son corps et sur les lois qui le dirigent, sauf par l'hygiène et les entraînements psychiques, il peut tout dans la constitution des lois sociales et dans la création des sociétés, qui sont presque entièrement issues de la volonté de l'homme.

Un premier problème à résoudre est celui de savoir si ce destin, si cette loi fatale est modifiable par l'homme.

Les Hindous, dont les théosophes ou, mieux, les membres de la Société théosophique, ont adopté quelques idées plus ou moins digérées, les Hindous ont donné à ce destin le nom de Karma.

L'analyse symbolique des lettres sanscrites qui composent ce nom serait des plus intéressante, mais hors de notre sujet. Les Orientaux ou, mieux, les profanes des doctrines orientales, dont les boudhistes sont la représentation actuelle, enseignent que ce destin ne peut être modifié que par la conduite actuelle de l'homme agissant sur son destin futur (1).

Les initiés d'Orient, c'est-à-dire les adeptes de l'école brahmanique, les Taoïstes de Chine, et les initiés d'Occident, continuateurs de la tradition égyptienne secrète, dont les enseignements ont été illuminés par les paroles vivantes de Notre-Seigneur Jésus-Christ, nous apprennent, au contraire, que ce destin peut être modifié sous l'influence de la pitié céleste par les êtres divins auxquels l'incarné a toujours le droit de faire appel.

(1) Voy. l'article sur la *Réincarnation* de C. B. (*Initiation*. Février 1912).

Notre maître spirituel, le grand maître inconnu contemporain, le docteur Nizier Philippe, de Lyon, aujourd'hui décédé, a dit à ce propos de profondes vérités dans son enseignement. « Entre deux êtres, l'un qui prie, l'autre qui ne prie pas, celui qui prie a une utilité très grande dans l'invisible, parce qu'il nourrit spirituellement certains êtres qui ne vivent que des prières humaines. « Nous revenons, disait-il, avec les passions que nous n'avons pas combattues. » « C'est, disait-il encore, dans le monde où l'on a contracté des dettes que l'on vient les payer. » Il enseignait aussi que dans la vie on progresse sans cesse, et, au fur et à mesure de ces progrès, on change de guide : d'où la nécessité de faire la paix immédiate avec ses ennemis, car, en offensant ses ennemis, on offense son guide, et la paix ne peut être faite qu'entre amis, sinon il faudrait attendre que, dans la série des réincarnations, la même période se produise et que le pardon soit accordé ; il faut même que l'offensé prie pour l'offenseur.

On trouvera, du reste, dans les ouvrages

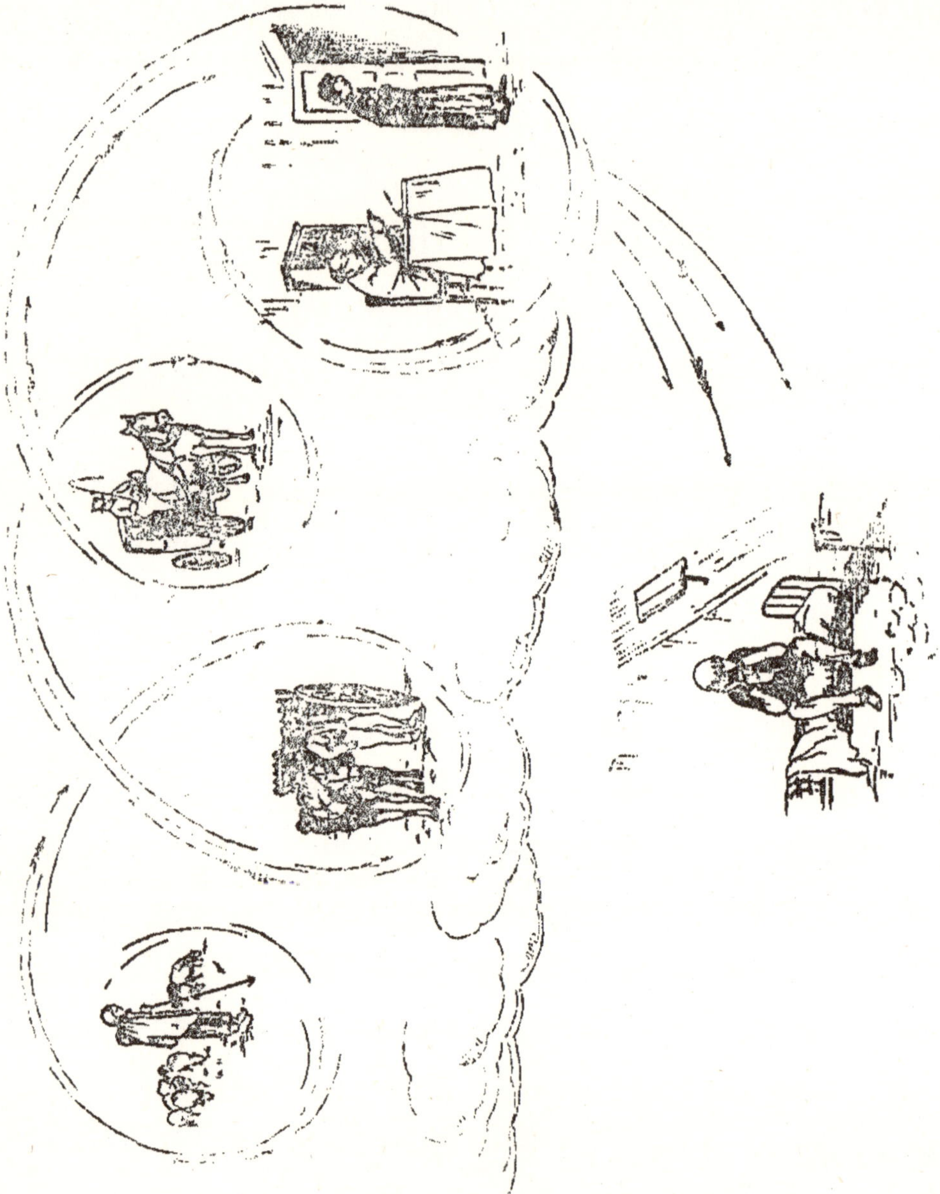

VI. — Etat Social et Réincarnation (Voy. p. 113).

contemporains de Sédir, sur les Évangiles et la loi morale, une foule d'idées que notre ami a puisées dans les enseignements du maître spirituel, et qu'il a su présenter au public avec son érudition et son talent habituels (1).

Donc la vie sociale est le résultat mathématique des existences antérieures.

Le destin actuel est modifiable par trois éléments :

1° Par le courage physique ;

2° Par la soumission aux épreuves morales ;

3° Par la prière et l'assistance divine.

Le destin domine sur le passé, la volonté humaine sur le présent, la providence divine sur l'avenir.

Pythagore avait appris des Chinois que le destin avait pour chiffre 5, la volonté humaine pour chiffre 4, et la providence divine pour chiffre 3. Il fallait sur terre l'union astrale, c'est-à-dire un carré de 3 et de 4 : 3 fois 3 $= 9$, 4 fois 4 $= 16$, 16 et 9 $= 25$ pour équilibrer le carré de la puissance fatale, $5 \times 5 = 25$.

(1) SÉDIR. *Les Évangiles*. Œuvres diverses.

C'est là la clef secrète de ce fameux carré de l'hypothénuse qui a abruti des générations de collégiens.

Il faut donc sur terre que l'homme unisse ses forces à celles du plan divin, pour équilibrer la force du destin.

Les Occidentaux sont donc dans le vrai, avec les brahmanes, pour proclamer que la prière est un levier d'une puissance merveilleuse qui, s'appuyant sur la volonté humaine, peut soulever le poids terrible du destin ou du Karma (1).

Nous ne pouvons refaire l'analyse de tous les cas de la vie sociale déterminée par une existence antérieure ; rappelons seulement que l'attraction la plus intense manifestée généralement par l'amour partagé, vient attirer les esprits les plus éloignés de la terre, c'est-à-dire les plus purs, que l'attraction la plus faible exercée par les parents alcooliques ou sans amour, va chercher des esprits rapprochés de la

(1) Voy. pour détails le merveilleux ouvrage : *La Mission de l'Inde.* Le Mahatma, par SAINT-YVES D'ALVEYDRE. Dorbon-Aîné, éditeur. 1 vol. in-8, 5 francs.

terre, comme les suicidés ou les lourds esprits matériels.

Une société actuelle est donc le résultat mathématique d'une société antérieure, et l'on comprend encore ici la sagesse des Chinois qui ne considèrent les êtres vivants que comme le résultat passager de l'action de la société des ancêtres.

Dans chaque famille il y a une réincarnation normale des esprits qui appartiennent à cette famille dans l'invisible et dont le petit nom, avec ses chiffres secrets, est la clef de correspondances astrales. Mais il y a aussi, dans chaque famille, nombreuse ou non, un esprit étranger à la famille et venu d'un tout autre plan : c'est la comète dans les planètes familiales, Il fait généralement le désespoir des parents tout à leur idée matérielle : ce sera l'artiste dans la famille de l'épicier, le prodigue dans la famille de l'avare, et, quelquefois, la « tête brûlée » dans la famille du juge.

C'est un résultat du secret des équilibres de la nature. Quand deux peuples ont une haine atroce l'un pour l'autre, les guides spirituels font souvent échange de réincarnation, et l'on voit quelquefois l'esprit de haine se modifier. Ainsi que le disait le maître spirituel : nous venons payer ici les dettes que nous avons contractées, commentaire de l'admirable prière du Christ : « Père, remets-nous nos dettes comme nous les remettons à ceux qui nous doivent », parole qui a été traduite par l'église exotérique, en mode astro-sprituel : « Pardonnez-nous nos offenses comme nous les pardonnons à ceux qui nous ont offensés. »

L'incarnation terrestre doit fortifier les organes spirituels futurs, et cette résistance des organes aux puissances du destin ne peut se faire que par l'entraînement spirituel, et l'entraînement sur terre s'appelle : des épreuves.

En disant : « Donnez-nous chaque jour notre pain quotidien », nous enseignait notre maître spirituel, nous demandons des épreuves, et ces épreuves sont strictement adaptées à notre résistance.

Celui qui connaît l'origine secrète de la vie qui circule dans tous les plans d'incarnation, sait parfaitement qu'à moins de cas tout à fait exceptionnels, le Père ne laissera jamais ses enfants mourir dans aucun plan, pourvu que ses enfants aient laissé la porte entr'ouverte entre eux et leur guide spirituel.

Pour soulever un poids de 20 kgr. avec facilité, les muscles du bras ont besoin d'un entraînement qui consiste à soulever progressivement des poids de plus en plus lourds, en commençant par un poids léger. C'est là l'entraînement des organes physiques, la clef de tous les sports et de tous les succès athlétiques. Il en est au moral exactement de même qu'au physique : chaque épreuve se présente successivement trois fois sous forme d'un cliché astral agissant au niveau de la nuque (les anatomistes diraient : sur le plancher du 4e ventricule), où viennent aboutir tous les centres sensoriels conscients de l'être humain. Chose curieuse, nous retrouvons sous le nom de « Sa », chez les antiques Égyptiens, un enseignement identique, et l'influence de la nuque, comme point de concentration des clichés invisibles, est parfaitement décrite dans tous les bas-reliefs.

Donc, une première épreuve nous est donnée, très douce : nous pouvons y résister seul. Si nous le faisons, le cliché s'efface et revient plus fort une seconde fois. Notre esprit, aguerri par la première résistance, peut encore s'opposer à la suggestion du cliché, mais il faut qu'il y mette toute sa puissance d'action. Supposons qu'il remporte encore la victoire. Le cliché revient, plus intense, une troisième fois et à ce moment l'esprit ne peut vaincre qu'avec l'appel aux forces divines, l'appel à son guide ayant suffi dans le deuxième cas. Si le cliché est définitivement brisé sous l'influence de la prière et de la volonté, la pitié entre dans le cœur de l'esprit incarné, et c'est à cela qu'on reconnaît l'âge réel d'un esprit : celui qui condamne les autres à tout propos est un esprit nouvellement incarné, qui a brisé peu de clichés et qui en a subi aussi très peu. « Celui qui a pitié, on aura pitié de lui », dit la Gnose.

Et nous trouvons dans la doctrine gnostique, comme dans l'église catholique (comme aussi dans l'église brahmanique) : Maria, la Vierge de lumière, la vierge Marie, Maha Mayah, qui est la pitié céleste vivante et qui est la grande réformatrice des jugements du destin ; elle écrase de son pied la tête du serpent Karma, Nahash, Schanah, ou le temps, le passé, et sa fatalité.

Donc lorsqu'un crime est commis, celui qui sait et qui se souvient, prie pour le criminel dont le destin a été de venir jouer sur terre un rôle terrible et fatal ; celui qui ne sait pas se frappe la poitrine en disant : « Moi je suis un honnête homme, les miens ont laissé un nom sans tache, et je trouve que ce criminel souille l'humanité tout entière de son action infâme, il faut en débarrasser la terre. » Cet esprit sans pitié deviendra lui-même un criminel dans une existence ultérieure, car l'ignorance n'est pas pardonnée dans l'autre plan. La bonté dans une incarnation terrestre est donc non seulement un devoir, mais une preuve spéciale d'intelligence des autres sciences. Etre considéré comme un bon bêta, que les malins de la terre roulent à leur gré, être exploité par les faux pauvres, les faux amis et toute la horde des désespérés de la terre, est souvent le signe qu'on est dans la voie véritable, et les lumières s'allument de l'autre côté pour celui que les forts de la terre méprisent et bafouent.

Ce n'est pas notre rôle de faire de la morale, car rien n'est immoral dans la vie privée comme un moraliste dans la vie publique, et nous connaissons trop notre état inférieur au point de vue spirituel pour vouloir juger les autres. Aussi donnons-nous toutes ces idées comme un idéal vivant que l'homme doit chercher à atteindre à travers les diverses incarnations.

Nous sommes certains, d'après nos expériences personnelles, que la réincarnation est la seule clef vraie des différences sociales, et nous allons maintenant aborder trois questions importantes :

1° Le langage des esprits ;

2° L'oubli des existences antérieures pendant la vie ;

3° L'envoi par l'invisible des esprits émancipateurs.

Cela formera le sujet des paragraphes suivants.

VI

LE LANGAGE DES ESPRITS

Il s'est trouvé des cas où des êtres de la terre sont entrés en communication véritable avec le monde des Esprits. Nous signalerons à ce propos le cas de Trithème, et surtout celui de Swedenborg.

Swedenborg a montré, par des visions à distance sur terre, que ses facultés de perception de l'invisible étaient effectives. C'est ainsi qu'il avait annoncé l'incendie d'une ville, qui s'effectuait à une grande distance, à l'heure exacte où cet incendie se produisait, et plusieurs autres faits du même genre.

Le pasteur Charles Byse, qui a écrit sur Swedenborg un livre remarquable intitulé « Swedenborg », nous dit très justement (page 121) :

Le voyant Suédois a été capable de vivre pendant 37 années consécutives en relation constante avec les habitants de l'au-delà. Ils les a vus et entendus comme ils se voient et s'entendent entre eux, il a reçu leur visite et visité leur domaine, en un mot il a vécu en même temps dans les deux mondes : celui de la matière et celui de l'esprit.

Sans passer par la mort, il a pour ainsi dire exploré l'univers invisible dont nous savons si peu et qui nous intéresse si fort, et il raconte souvent en détail ce dont il a été témoin dans ces voyages d'un genre si nouveau.

C'est la meilleure description qu'on puisse donner de celui qui vivait sur deux plans, comme tous les grands initiés des mystères antiques.

Or tous les récits des voyants concordent pour dire que les esprits parlent par images, que c'est en évoquant et en précipitant des clichés de vision qu'ils essayent de parler aux habitants de la terre.

La vue en rêve se fait en effet par images, et tout ce qui se rapporte à l'invisible est lié intimement à la production d'images que nous appelons dans nos écoles : des clichés astraux devenant clichés physiques en se manifestant sur terre.

De là un fait extrêmement intéressant : c'est que les peuples primitifs qui, de même que l'enfant, restent en relation presque permanente avec l'invisible, écrivent surtout par images. Le langage idéographique dont les anciens Égyptiens, colonie des Atlantes, et les anciens Chinois ont été les protagonistes, était une indication de ces rapports avec l'invisible. Les images de ce langage idéographique, les premiers hiéroglyphes, était bien la copie des sujets terrestres, mais le principe de l'écriture était entièrement dérivé des rapports de l'homme avec l'invisible (1).

(1) Voy. *Premiers éléments de lecture de la Langue égyptienne* (hiéroglyphes), par Papus, une brochure in-8, 1 fr. 25. Dorbon-Aîné, éditeur.

Swedenborg a été en relations avec des êtres invisibles, cela est hors de doute. De quel genre étaient ces êtres invisibles ? appartenaient-ils au plan astral supérieur, ou au plan divin ? C'est une question qu'il serait intéressant de résoudre ce que nous ne pouvons faire directement dans ce chapitre.

Un être désincarné, une fois parvenu dans l'autre plan, utilise de nouvelles facultés pour communiquer sa pensée, cela est un fait certain ; mais ces nouvelles facultés ne font pas oublier l'acquit de la dernière incarnation, et l'être désincarné conserve la mémoire des derniers langages terrestres qu'il a parlés. Mais cette mémoire s'obscurcit peu à peu, pour ne reparaître qu'à la prochaine incarnation.

Il est rare qu'un être spirituel réincarné sur terre ne soit pas amené, par des circonstances en apparence fortuites, à parler, outre sa langue actuelle la langue du pays de sa dernière incarnation antérieure. C'est une remarque intéressante à contrôler.

Pour nous résumer, l'esprit désincarné a une

langue particulière formée de précipitation de clichés avec émanation de sa lumière personnelle. Nous ne pouvons qu'esquisser ce problème, n'ayant pas les éléments nécessaires pour le résoudre complètement.

L'oubli

S'il est une objection considérable qui a été faite par la logique, origine de tant d'idées fausses, à la doctrine de la réincarnation, c'est l'objection issue de l'oubli, pendant une existence, des existences antérieures.

Nous avons dit, et nous répétons que cet oubli est une nécessité inéluctable pour éviter le suicide. Avant de revenir sur terre ou dans le plan physique, tout esprit voit les épreuves qu'il aura à subir, il ne revient qu'après acceptation consciente de toutes ces épreuves. Or, si l'esprit savait, une fois incarné, tout ce qu'il aura à supporter, sa raison sombrerait, son courage se perdrait, et le suicide conscient serait l'aboutissant d'une vision claire. C'est l'histoire de Gribouille qui se met dans l'eau pour ne pas se laisser mouiller par la pluie. Une mère qui aurait un miroir magique lui révélant avec certitude l'avenir, briserait ce miroir certainement après huit jours d'essai, en y voyant toutes les épreuves qui attendent ses enfants. Il en serait de même pour l'esprit qui n'aurait pas bu l'eau du fleuve Léthé avant de revenir sur terre. Il faudrait enlever la faculté de suicide à l'homme si l'on voulait qu'il gardât avec certitude le souvenir des existences antérieures.

Mais nous pouvons ici nous reposer un peu de ces questions graves, en voyant où la révélation toute primaire et sans détails de la doctrine de la réincarnation a conduit les cerveaux peu habitués aux hautes conceptions philosophiques.

On peut conserver un souvenir lointain, une intuition spéciale d'une existence antérieure ; mais avoir une vision nette de ce qu'on a été, de la personne exacte que l'on a représentée sur terre, est un fait extrêmement rare et en dehors des lois naturelles.

Nous avons connu un conseiller municipal d'une grande ville du Sud-Ouest, libre penseur et athée, qui n'a jamais voulu traverser, même en voiture, une forêt des environs de la ville, en disant : « Je sens que j'y ai été assassiné. » On avait beau lui objecter combien cette sensation était peu compatible avec son athéisme et son idée que rien n'existait après la mort, il répondait : « En effet, c'est idiot, mais j'ai cette sensation, et c'est plus fort que tous mes raisonnements. »

L'être humain qui a conscience de ce mystère de la réincarnation imagine tout de suite le personnage qu'il a dû être, et, comme par hasard, il se trouve que ce personnage a toujours été un homme considérable sur la terre, et d'une haute situation.

Dans les réunions spirites ou théosophiques, on voit très peu d'assassins, d'ivrognes, ou d'anciens marchands de légumes ou valets de chambre (professions en somme honorables) réincarnés : c'est toujours : Napoléon, une grande princesse, Louis XIV, le Grand Frédéric, quelques Pharaons célèbres, qui sont réincarnés dans la peau de très braves gens qui arrivent à se figurer avoir été ces grands personnages qu'ils imaginent. Ce serait pour lesdits personnages déjà une assez forte punition d'être revenus sur terre dans de pareilles conditions. Cette tendance est tellement humaine, que déjà les disciples de Pythagore, lorsqu'ils apprenaient ce mystère, imaginaient qu'ils avaient tous été un grand tyran ou un roi célèbre, avant de revenir sur terre, et quand ils demandaient au Maître qu'est-ce que lui était à cette époque où eux croyaient avoir régné, Pythagore répondait en souriant : « Pendant que vous étiez si puissants et que les hommes tremblaient sous votre autorité, moi j'étais coq. »

Cette haute leçon de philosophie, qui montrait aux élèves que Pythagore pensait à l'évolution des corps pendant que les autres se perdaient dans les recherches inutiles concernant l'évolution des esprits, n'a eu qu'un tort : c'est d'être totalement incomprise des philosophes classiques qui ont transformé la boutade de Pythagore en une doctrine philosophique, et confondu de ce fait la métempsycose avec la réincarnation, la réincarnation du corps avec celle de l'esprit. On n'a pas idée du tort que font à la doctrine de la réincarnation ces prétendus esprits supérieurs réincarnés dans de pauvres êtres prétentieux et inintelligents.

Le Christ a un appartement renfermant des milliers d'esprits. Chaque fois qu'un esprit de l'appartement du Christ se réincarne, il obéit sur terre à la loi suivante :

1° Il est l'aîné de sa famille ;

2° Son père s'appelle toujours Joseph ;

3° Sa mère s'appelle toujours Marie ou la correspondance numérale de ces noms en d'autres langues...

Enfin il y a dans cette naissance des esprits venant de l'appartement du Christ — et nous ne disons pas du Christ lui-même — des aspects planétaires tout à fait particuliers qu'il est inutile de révéler ici.

Ignorant tout cela, une foule de visionnaires se sont prétendus la réincarnation du Christ sur la terre... et la liste n'est pas close.

C'est le grand tort de la demi-science, de la science primaire qui, si elle est accompagnée de l'Instruction dite classique et que nous appellerons, avec Saint-Yves, simplement païenne, démonialise les meilleurs cerveaux et les fait dérailler moralement ou mentalement, suivant le cas.

On peut donc avoir l'intuition qu'on a vécu à telle époque, qu'on a été dans tel milieu, on peut avoir la révélation, par le monde des esprits, qu'on a été une grande dame contemporaine du très grand philosophe Abélard, si indignement incompris par les grossiers contemporains, mais on n'a pas la certitude de l'être exact qu'on a été sur la terre.

Nous citerons toujours à ce propos une histoire typique qui indique bien la mentalité de tous ces réincarnés des salons : un mondain, noble, intelligent, et susceptible de tenir une place très honorable dans la haute société, s'était laissé tourner la tête par cette doctrine de la réincarnation. Après avoir hésité entre plusieurs grands personnages que son esprit aurait animés antérieurement, il a choisi Henri IV. Il déclarait donc froidement dans toutes les conversations mondaines, qu'il était Henri IV réincarné.

Un autre mondain, très spirituel, et assistant à cette conversation, lui répond aussi froidement : « Alors pourquoi ne m'embrassez vous pas ? » L'autre, ahuri, le regarde, et l'homme d'esprit lui dit : « En effet, si vous êtes Henri IV réincarné, moi je suis la belle Gabrielle. »

Logiquement la réponse était bien faite, car il n'y a pas plus de raison pour que l'un ne soit pas la belle Gabrielle si l'autre était Henri IV, en admettant, question encore controversée, qu'on puisse changer de sexe à travers les réincarnations.

L'orgueil est la grande pierre d'achoppement de beaucoup de partisans de la doctrine des réincarnations, l'orgueil joue souvent un rôle aussi néfaste que considérable.

Si l'on garde les grands personnages de l'histoire pour se réincarner soi-même, il faut reconnaître que les adeptes de cette doctrine conservent les assassins, les grands criminels et souvent les grands calomniés pour faire réincarner leurs ennemis. C'est ainsi qu'après avoir dit que Cagliostro était un personnage louche, on m'a fait le grand honneur de me considérer comme Cagliostro réincarné. C'était même un enseignement secret d'une société de (...istes) dont les membres en ont vu bien d'autres, et que je m'abstiendrai de qualifier.

Or, le Dr Marc Haven vient de publier, sous le nom de *Cagliostro, le Maître inconnu*, un ouvrage de haute valeur (1), écrit comme sait écrire Marc Haven, et où pleine justice est rendue à ce grand homme indignement calomnié par les Jésuites. Cagliostro va devenir sympathique ; je ne puis plus jouer sa réincarnation, et il faudra que messieurs mes ennemis trouvent une belle canaille pour le remplacer en guise de fourreau antérieur de mon sale esprit.

(1) *Cagliostro, le Maître inconnu*, par Marc Haven, 1 beau vol. in-8, Dorbon-Aîné, éditeur.

Il est malheureux de voir des hommes intelligents accuser ceux qu'ils ne comprennent pas ou qu'ils n'aiment pas, de faire de la Magie noire ou d'être de vilains messieurs réincarnés. Une école d'occultisme a toujours tendance à accuser les écoles rivales de faire de la magie noire ; c'est aussi bête que de déterminer la réincarnation antérieure d'un homme, c'est une preuve d'ignorance d'abord, et c'est une injure ensuite faite aux lois du ciel. Mais, comme c'est humain, il faut se rappeler les paroles du Christ, savoir que nous sommes tous des enfants sur terre, et répéter encore une fois : « Pardonnez-leur, mon Père, car ils ne savent ce qu'ils font. »

En effet, il est utile que ces doctrines, source de grandes récoltes spirituelles futures, pénètrent même déformées, dans des milieux où elles n'auraient jamais pu pénétrer d'une façon normale par les académies, les écoles ou les revues, dites sérieuses. Le doctrine de la réincarnation a pénétré les milieux populaires d'une façon intensive, sous l'influence du spiritisme, elle a pénétré les milieux mondains sous l'influence de a théosophie, non pas la vraie théosophie de Bœhme, mais l'espèce de salade mystico-spirito-bouddhique, qui constitue la doctrine ondoyante et diverse de la Société théosophique, doctrine appuyée sur une triple étude : Karma, Végétarisme, Réincarnation.

Quelle que soit la déformation que cette doctrine a subie pour pénétrer ces deux milieux si opposés, représentés par l'homme du monde d'une part, dans son appartement luxueux, s'inquiétant de la vie de Bouddha, des Vedas, de Manas, et du Lingua Charira, et de son concierge d'autre part, demandant à sa table si l'esprit d'Adolphe, son neveu mort récemment, est heureux, quelle que soit, dis-je, la déformation de cette doctrine, il faut reconnaître que son action sera bienfaisante, et que nous n'avons pas le droit de nous moquer des voies secrètes qu'emploie le ciel pour faire évoluer les cerveaux sur la terre.

La tireuse de cartes a remplacé le confesseur auprès de bien des Parisiennes, pourtant très fines et fort spirituelles, pourquoi nous étonner alors que le frère mendiant de jadis soit remplacé par la planchette de communication, et que les Oraisons de Bossuet soient compensées par les enseignements de l'impitoyable Karma des Bouddhistes.

L'esprit de Dieu souffle où il veut, Ruach est Aour, et l'or spirituel a cette grande différence avec l'or matériel qu'il peut être prodigué aux pauvres comme aux riches sans changer leurs conditions sociales ; la petite idée grandit et se multiplie à mesure qu'elle passe dans un plus grand nombre de cerveaux, le gros tas d'or diminue et s'amincit à mesure qu'il passe dans un plus grand nombre de mains. C'est là la loi des deux J. C. : Jules César pour le tas d'or, et Jésus-Christ pour l'idée émancipatrice. La doctrine de la réincarnation est une des clefs d'or du monde spirituel.

Il nous reste à parler des envoyés du Père, des baptisés et des esprits émancipateurs, ce que nous ferons dansle paragraphe suivant.

VII

LES ENVOYÉS DU PÈRE

Il est sur la terre des êtres exceptionnels qui viennent ici comme le Sauveur est descendu aux enfers, c'est-à-dire librement et sans avoir plus rien à payer : ce sont des envoyés. Ils se caractérisent par des pouvoirs particuliers alliés à une très grande modestie (1).

Pendant le cours de notre existence terrestre,

(1) Les lamas du Thibet admettent que l'homme arrivé au *Nirvâna* a cependant, s'il a le désir d'être utile à l'humanité, la liberté de reprendre la forme humaine pour enseigner la Doctrine... G. DE LAFONT. *Op. cit.*, p. **243**.

nous avons eu le bonheur de connaître un de ces êtres, et de le faire connaître à quelques-uns de nos amis. Tous ceux qui l'ont approché ont été frappés du rayonnement merveilleux qui s'échappait de lui, et l'on trouvera dans notre Traité élémentaire de sciences occultes une faible description de cet homme, sous les traits de notre maître spirituel. Il a, hélas ! quitté la terre il y a quelques années et ne communique plus avec ses pauvres amis et élèves qu'à travers les voiles de l'au-delà.

Or cet homme, lorsqu'il donnait des leçons, le faisait toujours avec un tact parfait et sans blesser la conscience de personne, en évitant toujours le scandale physique ou mental.

J'avais suivi une famille bourgeoise, riche, considérée, et ayant un peu la prétention de respectabilité que recherchent tant les familles bourgeoises de province. Le père était mort ; la mère restait seule avec sa mère à elle et deux enfants de 10 à 12 ans. J'ai vu la misère entrer peu à peu dans cette famille, alors que la mère faisait tous ses efforts, courageusement, et se tuait de travail pour sauver sa nichée. Mais la misère impitoyable augmentait : il fallut vendre les meubles, se restreindre, et, bientôt, ce fut tout juste, et par charité, que la famille put manger, refugiée dans une mansarde. J'en étais arrivé presque à accuser le Ciel, ainsi que le faisait cette mère de famille.

C'est alors qu'ayant exprimé mes doléances devant le Maître, un jour que nous étions enfermés ensemble dans une toute petite chambre attenant à la salle où il faisait ses guérisons miraculeuses par la prière, un spectacle étrange s'offrit à mes yeux : le Maître me dit : « Tu vas avoir une réponse à ta question ; c'est un grand bonheur pour toi, mais c'est aussi une grande responsabilité. Avant cette réponse, tu étais ignorant et tu avais le salaire des ignorants ; maintenant tu seras averti, et tu auras le salaire de ceux qui savent. Tu comprendras plus tard ce que cela veut dire. Nous allons demander à l'AMI de lever pour toi les rideaux qui séparent les plans. »

A cet instant il me semble que le mur de

cette petite chambre s'ouvre. Est-ce création de mon imagination ? Est-ce réalité ? Est-ce simplement illumination d'un cliché, par la parole du Maître ? Qu'importe !

Le Maître dit : « Ces femmes ont jadis laissé mourir de faim une parente dont elle voulaient hériter, et je vois le vieux château féodal, je reconnais la mère et la grand'mère, malgré la différence des costumes, et je vois une jeune fille enfermée dans un réduit obscur, suppliant ces femmes de ne pas la laisser mourir et de lui donner du pain. Elles furent impitoyables, dit le Maître. Elles sont revenues sur terre après avoir accepté le paiement de leurs fautes et avoir consenti à mourir de faim, comme elles avaient fait mourir l'autre. Mais la Vierge pitoyable, une prière des ancêtres, ont changé le destin, et il a été permis qu'elles pussent manger et qu'après avoir été humiliées elles revivent une vie normale. » Ce qui arriva en effet.

La mère et la grand'mère furent sauvées par le travail des enfants, deux grands esprits incarnés par le Ciel dans cette famille de démons féminins, pour la sauver.

Cette histoire n'a d'autre valeur que celle donnée pour mon instruction personnelle. Qu'on la prenne comme une légende ou comme une réalité, peu importe ! La parcelle d'or que renferme cette gangue est assez brillante pour éclairer les cœurs capables de comprendre.

Il existe sur terre, d'après une tradition secrète, toujours trois de ces envoyés du Père ; soit qu'ils soient incarnés ensemble, soit qu'ils fonctionnent chacun dans un plan différent, peu importe. Chacun de ces envoyés a un caractère spécial. Celui que notre cœur regrette toujours pour les paroles vivantes qu'il nous enseigna, s'appelait le plus vieil esprit de la terre ; il avait pouvoir spécialement sur la foudre, qui obéissait à ses demandes, et il agissait également sur l'air et l'eau. Ce qui est intéressant pour nos lecteurs, c'est qu'il avait notion complète de la vie présente dans tous ses détails, de tous les êtres terrestres avec lesquels il se trouvait en rapports ; il vous disait : « Tel jour vous avez voulu vous suicider dans telle et telle condition, vous aviez tout préparé pour que l'on crût à un accident, et, au dernier moment, si vous ne vous êtes pas jeté du haut de la falaise, c'est parce que j'étais, invisible, à côté de vous. » Un jour, en entrant dans une église, pour être parrain du fils d'un athée auquel il avait promis que viendrait la croyance, il se penche à l'oreille d'un mendiant, caché entre les deux portes, et lui murmure : « J'ai 15.000 francs dans ma paillasse, 10.000 francs en or et 5.000 francs en billets, et j'ai bien peur qu'on ne vienne me les voler. » Le mendiant, effaré, file à toute jambes sauver son magot, qui était effectivement menacé.

Il faudrait des pages et des pages pour dire tout ce que fait un envoyé du Père sur la terre. C'est un peu de soleil dans l'ombre infernale, c'est beaucoup de pitié parmi les cœurs de pierre, c'est un rayon de bonté dans l'égoïsme et la cruauté qui nous environnent, et cela fait un peu aimer la vie.

Tels sont ceux qui sont revenus volontairement, ceux qui se souviennent véritablement, et, parce qu'ils se souviennent, ceux qui ne disent jamais qu'ils ont été tel ou tel grand personnage, n'évoquant même pas tout ce qu'ils ont pu faire dans les existences antérieures.

A côté de ceux qui reviennent, il y a ceux qui se souviennent par l'exercice des pouvoirs magiques et du baptême spirituel. L'Antiquité disait que ceux qui avait été initiés dans l'antre de Trophonius, demeuraient tristes pour le reste de leurs jours, car ils avaient vu, face à face, les affres de l'au-delà. La véritable initiation donne le calme, mais non la tristesse. Il faut lire, dans Apulée, le récit de cette initiation laux mystères d'Isis, pour se rendre compte que 'initiation Égyptienne avait pour but le dédoublement de l'être humain, le dégagement de l'esprit et la mise de l'esprit dégagé, face à face avec les dieux créateurs et avec les clichés des péchés à payer. C'était là le baptême, et l'esprit était si heureux de se sentir dégagé de la matière qu'il fallait jeter de l'eau sur la tête du baptisé, pour ramener, par cette réaction, l'esprit dans le corps matériel. Mais, une fois établie, cette communication entre les deux plans peut se continuer, et celui qui en est l'objet devient un vivant dans les deux plans, un adepte de la double vie, un scribe des deux existences, ce que les Hindous appellent un Dwidja. Celui-là sait, et, parce qu'il sait, il est humble et modeste ; celui-là connaît les mystères de la réincarnation spirituelle, les responsabilités de chacun de nos actes, et l'enfantillage des vanités terrestres. Cet état est donné à certains hommes, quelles que soient leurs religions. Des moines, des ermites de la Thébaïde et des forêts nationales, ont été des baptisés de l'esprit ; Jacob Bœhme, le cordonnier divinement illuminé, Swedenborg, et plusieurs alchimistes demeurés inconnus de la foule, ont été des pratiquants de la double vie.

Il existe sur Terre des sujets exceptionnels qui peuvent se trouver transportés dans les plans invisibles.

Une grande dame qui fut souvent l'envoyée du ciel par sa bonté : Mme la Comtesse de

B. r. n. a eu sur ce point des visions tout à fait remarquables.

Il faudrait de gros cahiers pour parcourir, en compagnie de ce remarquable sujet et de son guide, toutes les régions de l'Astral.

Rappelons seulement une vision relative à la Naissance. Avant l'arrivée dans sa famille d'un petit être, la comtesse a vu la Grande Montagne blanche où les ancêtres quittent l'Esprit qui s'incarne. Elle a assisté aux adieux déchirants et a vu le guide qui arrache aux parents éplorés le cher Esprit qui s'obcurcit en entrant dans un corps de chair.

Nous avons fait reconstituer pour nos lecteurs cette remarquable vision (Voy. fig. 7).

***

De même qu'il existe des comètes qui viennent apporter la force au soleil fatigué et qui circulent entre les divers systèmes solaires, il existe aussi des envoyés cycliques qui viennent à certaines périodes remuer l'humanité engourdie dans les plaisirs ou rendue veule par une quiétude trop prolongée. Nous sommes ici pour nous battre, pour lutter, et tout individu qui prend sa retraite, espérant ne plus rien faire, est rapidement enlevé de la terre. De même tout peuple qui s'endort dans le luxe, l'égoïsme d'un commerce ou d'une industrie trop lucrative, et la quiétude d'un avenir sans lutte, ce peuple ne sera sauvé que par une fièvre sociale, qu'on appelle d'un nom quelconque : révolution, guerre civile, ou invasion étrangère. La paix sur terre pour un peuple, pas plus que l'obésité pour un individu, ne sont un idéal à atteindre. Mais passons...

Parmi ces réincarnés cycliques, qui viennent toujours d'un même appartement de l'invisible, s'il ne sont pas du même esprit, nous citerons la réincarnation qui a frappé tant d'historiens : Alexandre, César, Napoléon. Chaque fois qu'un esprit de ce plan revient, il transforme brusquement toutes les lois de la guerre ; quel que soit le peuple qui soit mis à sa disposition, il le dynamise et en fait un instrument de conquête contre lequel rien ne peut lutter. Il faut

VII. — La Naissance sur le Plan Physique.

La Mort sur le Plan Spirituel et la Montagne blanche (Voy. p. 155).

que la France soit reconnaissante au ciel d'avoir été l'instrument de ce dévoreur d'hommes, que fut Napoléon, et malgré les protestations d'envieux et de crapauds de toute origine, il faut reconnaître la force du Corse, qui a jeté un peu de gloire dans les plis de notre drapeau.

Chaque fois qu'il arrive sur terre, cet esprit crée une stratégie et une tactique nouvelles, et le mot du général autrichien s'écriant : « Que voulez-vous ! il ne se bat pas suivant les règles », est proféré à toute époque par les généraux qui se trouvent être ses adversaires.

La prochaine fois qu'il viendra, cet esprit trouvera le moyen d'empêcher la mort de plus des 2/3 de son effectif dans les combats, par la création d'un système défensif qui révolutionnera les lois de la guerre. Mais nous ne sommes pas ici pour faire des prophéties. Signalons l'existence de la comète rouge, de celui qui a la terrible mission d'ouvrir le livre de sang, et passons.

Au moment où la logique impitoyable, appuyée sur l'axiome mental « la force prime le droit », croit tenir à sa merci un peuple vaincu, au moment où tous les politiciens du monde se figurent que le destin est écrit par la puissance brutale et qu'il n'y a plus rien à faire, un envoyé céleste s'incarne, et tout peut changer de face, déroutant les logiciens et jetant l'effroi parmi les louches combinaisons des politiciens.

C'est encore la France qui eut le grand honneur d'incarner plusieurs fois une envoyée céleste de l'appartement de la Vierge de lumière, joignant à la faiblesse de la femme la force de l'ange incarné. Sainte Geneviève forme le noyau de la nation française. Jeanne d'Arc sauve cette nation au moment où, logiquement, il n'y avait plus rien à faire.

L'intervention de l'invisible est tellement nette dans l'histoire de Jeanne d'Arc, que les athées, les adeptes du mental, les révoltés contre toute influence divine, et les écrivains au cœur ulcéré, se lèvent avec un ensemble parfait pour salir la mémoire de l'envoyée céleste, et pour insulter la missionnée, qu'ils ne comprennent pas.

On reste stupéfait en constatant les inventions

militaire de ce général féminin : l'organisation de la cavalerie méthodiquement faite, l'ordre dispersé dans les attaques d'infanterie, et le groupement de l'artillerie : trois victoires en trois jours successifs ; c'est le record du généralat, et ce record est toujours détenu par une femme. L'instinct du peuple ne se trompe pas, et Saint-Yves d'Alveydre, dans sa « Jeanne d'Arc victorieuse » a merveilleusement évoqué cet instinct.

L'Église Romaine est elle-même hostile à tout envoyé céleste, et il a fallu la formidable voix du peuple pour réformer le jugement des juges ecclésiastiques qui, aveuglés par la politique, ont martyrisé l'envoyée du Ciel.

Terminons ici cette évocation des réincarnations étranges, aussi étranges pour un peuple qu'une comète est étrange pour un système solaire normal. Nous avons voulu les évoquer pour passer en revue tous les cas ; ce sont des exceptions très rares et il ne faudrait pas que notre orgueil en fît des règles générales.

Pour nous résumer, l'incarnation actuelle est, pour l'esprit, l'aimantation des incarnations futures. Tout don de soi-même, en dehors de soi, aimante et spiritualise, c'est-à-dire génère la lumière qui deviendra le véhicule de l'esprit dans l'autre plan. Toute contraction de l'esprit en dedans, qu'elle s'appelle égoïsme, colère, envie, désaimante, matérialise, et génère les clichés du péché, qui peut devenir mortel pour l'Astral, car la paresse n'entre pas au ciel. Celui qui sait pardonne et prie; les objets matériels, les richesses terrestres ou les situations honorifiques sont pour lui des outils qui lui sont confiés pour le bonheur des autres et qu'il n'a pas le droit de monopoliser pour son bonheur personnel. Au lieu de s'asseoir dans le fauteuil d'ivoire qui lui est destiné, l'Esprit demande au Père d'être vraiment utile sur la terre, de devenir un de ses véritables soldats. Alors il quitte le fauteuil d'ivoire, laisse les autres recevoir les honneurs terrestres qui lui étaient dus, et il s'en va dans les champs trier des graines pour améliorer les récoltes futures.

Il existe dans l'invisible des paroles vivantes écrites dans un livre dont quelques pages ont été lues à un certain moment par des esprits à l'état d'extase, et c'est là l'origine de tous les commandements religieux de tous les véritables conducteurs de peuples. La loi de réincarnation est écrite dans ce livre ; ce n'est pas une invention de cerveau humain, ce n'est pas une création bâtarde d'une imagination en délire ; de même que le soleil se lève dans le visible, chasse les ombres de la nuit et nous inonde de sa lumière créatrice, de même la loi de réincarnation est le soleil du monde invisible : elle dissipe les erreurs philosophiques, elle éclaire les âmes dans leurs missions, elle montre la justice immanente de toutes les actions et de toutes les réactions dans tous les plans, et elle justifie le cri immortel de l'Esprit retrouvant ses ancêtres et disant : « Sois béni, mon Père, malgré mes trahisons et mes faiblesses, Toi, tu ne m'as jamais abandonné. »

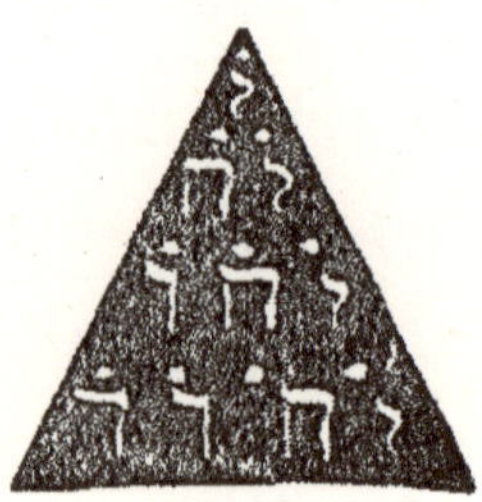

APPENDICE

APPENDICE

RÉINCARNATION ET RELIGIONS

Nous pouvons terminer ici l'étude de la réincarnation, et, pour achever notre travail, nous allons seulement rappeler quelques notes se référant à la tradition.

Nous avons vu dans les chapitres précédents que la réincarnation était un enseignement secret de tous les temples de l'Antiquité. Primitivement donnée comme une partie de l'initiation aux grands mystères dans l'antique Égypte, cette révélation a passé dans toutes les religions ésotériques ; nous la retrouvons dans tous les auteurs classiques, et nous en avons donné de nombreux exemples ; nous la retrouvons aussi dans le bouddhisme.

Les recherches modernes concernant les écritures de l'Inde ont bouleversé les notions qu'on pouvait avoir sur l'antiquité fabuleuse des alphabets indiens. C'est ainsi que les travaux de Philippe Berger et d'autres savants permettent de faire remonter seulement à l'an 500 avant Jésus-Christ la constitution de l'alphabet sanscrit dévanagari, c'est-à-dire un alphabet de Thebah, d'académie de grammairiens ; c'est aussi l'époque de la vie de Gautama Bouddha, un initié des temples brahmaniques, qui a quitté le palais de son père (le centre de l'initiation), pour donner au monde profane une partie des mystères.

L'idée de la réincarnation est une des idées fondamentales du bouddhisme ; elle a pénétré presque tout l'Orient, et elle est un facteur secret de la vaillance du soldat japonais, comme elle sera demain un facteur aussi important dans le fanatisme du soldat chinois, lorsqu'il envahira l'Europe, amené consciemment par la Russie et son Transsibérien.

Si l'on meurt bravement pour la collectivité, ce sacrifice est immédiatement payé par une réincarnation dans un plan social supérieur. Le Japonais qui meurt pour son empereur et sa patrie, s'il est un petit ouvrier ou un artisan obscur, sait qu'il reviendra riche, noble et titré.

Il suit de là que l'homme de classe inférieure n'a aucune envie basse contre l'homme de classe supérieure, dans les pays où l'idée de la réincarnation est devenue populaire. Le pauvre sait qu'il paie sa vie antérieure, comme il sait que le riche reçoit la dangereuse récompense de ses souffrances de jadis.

Aussi le soldat japonais court à la mort avec ivresse, tandis qu'il faut au soldat européen une concentration spéciale de volonté pour mourir proprement à la guerre.

C'est une affaire de psychologie de races, mais nous tenons à insister sur l'importance de cette idée dans les cerveaux orientaux.

Il ne faut pas cependant se figurer que le

bouddhisme est le créateur religieux de cette idée de réincarnation ; le Bouddha en a été le diffuseur malgré ses maîtres, et il a rendu de ce fait un service considérable à l'humanité.

Les personnes que cesquestions intéresseraient trouveront dans un volume de M. de Lafont, intitulé *Le Bouddhisme*, des textes précis et des enseignements positifs capables de les satisfaire pleinement (1).

La religion chrétienne s'est-elle occupée de la réincarnation ? On peut répondre franchement par l'affirmative.

Tout d'abord les évangiles affirment sans ambages que Jean-Baptiste est Élie réincarné. C'était un mystère. Jean-Baptiste interrogé se tait, mais les autres savent.

Il y a aussi cette parabole de l'aveugle de naissance puni pour ses péchés antérieurs, qui donne beaucoup à réfléchir.

La religion chrétienne est une suite directe

(1) *Le Bouddhisme*, précédé d'un essai sur le Védisme et le Brahmanisme, par G. de Lafont. Paris, Chamuel, 1895.

de la religion egyptienne : chacun des évangélistes est accompagné du symbole de chacune des quatre formes du sphinx, la tête humaine,ou l'ange, l'aigle, le lion, le taureau.

L'idée de la réincarnation fait donc partie des enseignement secrets de l'Eglise, comme la plupart des idées de l'initiation égyptienne.

On a dit que la réincarnation avait été condamnée par l'Eglise ; c'est faux. Un Concile (1) a dit que celui qui proclamerait être revenu sur terre par dégoût du Ciel était anathème ; mais, loin de condamner la réincarnation, cet avis du Concile indique au contraire qu'elle faisait partie de l'enseignement, et que s'il y en avait qui revenaient volontairement se réincarner, non par dégoût du Ciel, mais par amour de leur prochain, l'anathème ne pouvait pas les toucher (Rozier).

Enfin, d'après les enseignements de l'Église catholique romaine, qui a gardé bien moins la tradition ésotérique que l'Eglise orthodoxe russe,

(1) IVe Concile de Constantinople.

il s'écoule un laps de temps considérable entre le jugement après la mort et le jugement dernier. C'est au jugement dernier que les esprits doivent recevoir, d'après le catholicisme, leur destination définitive. Jusque-là il peut y avoir changement dans l'évolution de l'esprit. Or, que fait l'esprit pendant le temps qui s'écoule entre ces deux jugements ? On peut admettre que le ciel, l'enfer ou le purgatoire sont des états pouvant être vécus en état de matérialisation ; c'était là l'enseignement de Swedenborg, et Mahomet lui-même, qui cependant a eu horreur de tout ésotérisme traditionnel, montre qu'il avait été vraiment informé en disant dans son chapitre : « Les femmes du Coran », que le Christ reviendra à la fin des temps juger les vivants et les morts (1).

On peut dire que cette idée de la réincarnation, qui a été le phare lumineux de toute l'Antiquité, ne s'est jamais perdue dans aucune religion ; et aujourd'hui cette idée reparaît,

(1) Voir dans la revue *L'Initiation* notre étude sur le Coran dans ses rapports avec le Christ.

défendue par trois traditions : la tradition cabbalistique, venant de l'Egypte et transmise jusqu'à nous par les Pythagoriciens et les Néo-Platoniciens, la tradition orientale transmise par le Bouddhisme et dont nous venons de parler, et enfin la révélation toute moderne du Spiritisme.

Rivail, plus connu sous son pseudonyme d'Allan-Kardec, a rendu un très grand service à l'humanité occidentale en popularisant le dogme de la réincarnation. Si cette idée a troublé certains cerveaux faibles comme le fit jadis, en l'an 1000, l'idée de l'Enfer, elle a d'autre part empêché tant de suicides et relevé tant de courages, qu'il faut savoir gré au créateur du spiritisme contemporain, ainsi qu'à ses successeurs actuels comme Gabriel Delanne, Léon Denis, et Leymarie, d'avoir répandu dans les masses un instrument aussi précieux (1).

(1) A côté du Spiritisme, nous devons signaler les adeptes de la Théurgie et surtout Salztman comme propagateur de l'idée de Réincarnation. Dans son beau livre : *Magnétisme spirituel*, Salztman ouvre à tout Esprit chercheur de magnifiques horizons.

Les enfants prodiges s'expliquent ainsi très facilement par cette idée de la réincarnation ; les souvenirs positifs de certains êtres qui retrouvent des paysages familiers, s'expliquent de même, et, sans insister outre mesure, on se rend compte de la clarté qu'apporte la connaissance de la réincarnation dans une foule de problèmes soit humains soit sociaux.

Nous n'avons pas eu l'intention de faire une étude dogmatique de la réincarnation dans toutes ses conséquences, ni une recherche historique ou bibliographique complète : notre désir est surtout d'éveiller en chacun de nos lecteurs les dieux qui sommeillent, de faire parler en leur cœur le dieu du souvenir, et de créer ainsi en chacun d'eux l'enthousiasme (En et Théos), ce dieu intérieur qui révèle véritablement les mystères.

Alors chaque homme comprend que l'argent terrestre, s'il est une nécessité alimentaire, s'il est, comme l'ont vu Barlet et Lejay, le sang social, n'est pas autre chose qu'un outil. Nos facultés supérieures méritent de s'attacher à des choses plus élevées que cet idéal tout terrestre de la richesse ou des situations générées par l'orgueil. Pour suivre le Christ, il fallait tout abandonner, sans chagrin, comme on abandonne un vieux vêtement pour revêtir le vêtement de lumière de toutes les initiations. Pour comprendre que nous ne sommes sur terre que des personnages jouant un rôle pour une existence, il faut avoir participé aux mystères du Père, il faut être prêt à sacrifier tout ce qui n'est pas éternel, et lorsque nous connaissons le mystère de la réincarnation, nous pouvons dire avec Saint Paul : O Mort, où est ta terreur ? ô Mort ! où est ton aiguillon ? »

Le Dr Rozier, bien connu de nos lecteurs, dit en effet : je veux seulement prouver que les Catholiques ont le droit de croire ce qui leur paraît le plus rationnel à cet égard : l'opinion générale chez eux est qu'on ne vit qu'une fois sur terre, mais il n'existe aucune interdiction réelle de croire le contraire. Une opinion, quelque respectables et quelque nombreux que soient ceux qui la soutiennent, est sujette à révision. Certes, si nous sommes séduits par une théorie en contradiction avec le sentiment d'hommes considérables, de Pères de l'Eglise par exemple, nous devons être troublés, et nous devons exiger des arguments bien forts pour continuer à la professer; mais nous ne devons capituler qu'après avoir été vaincus par des arguments d'une force suffisante, ou du moins nous paraissant tels.

Or, que dit ce fameux Concile de Constantinople sur lequel certains auteurs s'appuient pour démolir, non pas la métempsycose, qui n'est pas en question dans l'Occident, mais la théorie des réincarnations? Ce concile a condamné, en 543, quelques propositions d'Origène, entre autres et en premier lieu celle-ci : Si quis dicit, aut sentit, proexistere hominum animas, utpote quæ antea mentes fuerint et sanctæ virtutes, satietatemque cepisse divinæ contemplationis, et in deterius conversas esse; atque idcirco ἀποψύχεσθαι, id est refrixisse a Dei charitate, et inde ψυχὰς Græce, id est, animas esse nuncupatas, demissasque esse in corpora supplicii causa : anathema.

Je traduis aussi littéralement que possible : « Si quelqu'un dit, ou pense, que les âmes des hommes préexistent, en tant que ayant été auparavant des esprits et des vertus (puissances) saintes, et qu'elles ont pris satiété de la contemplation divine; qu'elles se sont perverties et qu'en conséquence l'amour de Dieu s'est refroidi en elles, ἀποψύχεσθαι à cause de quoi on les a appelées ψυχὰς en grec, c'est-à-dire âmes (souffles), et qu'elles ont été envoyées dans des corps, comme châtiment : qu'il soit anathème. » Les réincarnationnistes ne prétendent pas que ce soit par lassitude de la contemplation divine, par refroidissement de l'amour de Dieu que les âmes reviennent sur la terre, bien au contraire; ils ne prétendent pas non plus que leur retour soit une punition. Ils disent que l'existence terrestre nous est imposée pour évoluer et parvenir à nous rendre maîtres de la matière dont Adam, par sa chute, nous a rendus les esclaves. Cette existence terrestre ne pourrait pas, sans inconvénients, se prolonger plus de cent ans, pour des raisons qu'il est inutile d'indiquer ici ; mais cent ans sont insuffisants pour obtenir la victoire définitive, il a donc fallu nous accorder un délai beaucoup plus considérable, mais coupé par des intervalles de sommeils plus profonds que les sommeils diurnes ; chacun de ces sommeils s'appelle la mort. Il est vrai que chaque existence est accompagnée de l'oubli de celles qui l'ont précédée, mais cet oubli est providentiel, il facilite l'évolution : avec le souvenir il serait difficile de changer son plan de vie. Quand enfin nous nous sommes réveillés un nombre de fois suffisant pour atteindre le but de nos efforts, la Sainteté, nous mourons une dernière fois pour ne plus revenir ; c'est alors que nous sommes définitivement jugés et placés dans une des demeures du Ciel, ou au Purgatoire. Si, au contraire, à chacune de nos existences, nous descendons de plus en plus bas, quand nous avons atteint une certaine limite ne laissant plus aucun espoir de salvation, nous mourons une dernière fois pour aller en Enfer ; mais ce cas doit être rare. La théorie des réincarnations, envisagée ainsi, peut être acceptée ou rejetée par les catholiques, mais elle ne tombe pas sous l'anathème précité. Seulement, si l'on rejette cette théorie, il ne faut pas admettre d'exception, sans quoi on ouvre une brèche à travers laquelle tout peut passer (1).

(1) Dr Rozier, Magie et Religion. *Initiation*, avril 1898.

RÉINCARNATION [1]

L'esprit immortel de l'homme paye dans une existence les fautes qu'il a commises dans une existence antérieure.

Pendant la vie terrestre, nous fabriquons notre destinée future.

A la mort du corps matériel, l'Esprit passe d'un état inférieur à un état supérieur : il *évolue*. Au contraire, quand la naissance dans un nouveau corps va se produire, l'Esprit passe d'un état supérieur dans un état inférieur : il *involue*.

Mais, pendant ces séries d'évolutions et d'involutions l'Univers physique, astral et psychi-

(1) Résumé avec figure. *Voir la figure hors texte qui explique ce résumé* (fig. 8).

que poursuit sa marche en avant dans le Temps et dans l'Espace, si bien que ces séries ascendantes et descendantes que subit l'Esprit ne sont perceptibles que pour lui et n'agissent en rien sur le Progrès général de l'Univers.

C'est ce que nous montre l'exemple du steamer (*Univers*) qui poursuit sa route en avant sans tenir compte des ascensions ou des descentes que peuvent être amenés à faire les passagers, du pont aux diverses classes dont les cabines sont étagées dans le navire. La liberté des passagers est entière, quoique circonscrite par la marche en avant du steamer qui les porte tous.

Pendant la série d'évolutions (mort) et d'involutions (naissance) que subit l'esprit immortel, l'Être traverse diverses classes sociales dépendant de sa conduite dans les existences antérieures (1).

(1) L'homme doit connaître la source des malheurs qu'il éprouve nécessairement, et loin d'en accuser cette même Providence, qui dispense les biens et les maux selon son mérite et ses actions antérieures, ne

Entre les réincarnations, l'Esprit immortel jouit de l'état de félicité correspondant à l'idéal qu'il s'est créé pendant son incarnation.

Un riche qui a mésusé de sa richesse, un puissant qui a abusé de son pouvoir se réincarnent dans le corps d'un homme qui aura à lutter presque toute sa vie contre l'adversité.

Cette adversité ne vient pas de Dieu, elle vient de l'emploi qu'a fait l'Esprit immortel de sa volonté dans les existences antérieures. Mais, pendant cette incarnation, l'Esprit pourra, par la patience dans les épreuves et l'opiniâtreté dans la lutte, reconquérir en partie la place perdue (1).

s'en prendre qu'à lui-même s'il souffre par une suite inévitable de ses fautes passées. Car Pythagore admettait plusieurs existences successives et soutenait que le présent qui nous frappe et l'avenir qui nous menace ne sont que l'expression du passé, qui a été notre ouvrage dans des temps antérieurs.

Hiéroclès (ve siècle).

(1) La puissance inévitable des lois de Dieu, qui, dans les siècles à venir rend à chacun ce qui lui appartient selon les manières et les mérites de sa vie

Le Progrès existe donc pour le général et par suite il existe médiatement pour chaque être particulier. Mais immédiatement chaque être est susceptible de monter ou de descendre dans l'échelle sociale soit pendant sa vie, soit lors de sa réincarnation.

EXPLICATION DE LA FIGURE

1. — L'Esprit dans le monde divin (état de félicité).

1 à 2. — Involution de l'Esprit vers l'Incarnation.

2. — Incarnation dans le corps d'un homme riche et puissant. La Destinée fabriquée par cet homme durant sa vie est détestable.

3. — Évolution de l'Esprit vers le monde divin. Réalisation de l'idéal inférieur conçu pendant la vie.

passée, de sorte que celui qui régnait durant sa première vie injustement, retombait dans l'autre vie en état de servitude.

Agrippa (xvie siècle).

4. — Réincarnation de l'Esprit dans le corps d'un homme accablé par l'adversité : conséquence de la vie antérieure.

4 à 5. — Pendant son incarnation, l'Esprit reconquiert une classe sociale plus élevée que celle qui lui était primitivement destinée.

6. — Évolution vers le monde divin. Réalisation de l'idéal conçu dans la souffrance.

7. — Réincarnation dans le milieu social le plus élevé.

SUICIDE (1)

A. — Un homme appartenant à la classe sociale la plus élevée se suicide (B).

B à C. — Son esprit n'évolue qu'en astral, et est en proie à l'action des élémentals.

D. — Réincarnation presque immédiate dans la classe sociale la moins élevée, souvent dans un corps infirme ou difforme.

(1) En cas de suicide, l'âme reste quelque temps attachée à l'espèce de fantôme d'image vide du corps qu'elle a voulu quitter.

Porphyre (IIIe siècle).

E. — Évolution relative pendant la vie. Résignation à la souffrance.

F. — Évolution de l'Esprit dans le monde divin.

G. — Réincarnation dans une classe sociale assez élevée.

MORT-NÉ

8. — Départ de l'Esprit pour l'Incarnation.

9. — Incarnation. Le corps ne permet pas à l'Esprit d'accomplir sa carrière. L'Enfant meurt dans sa prime jeunesse.

10. — Réincarnation immédiate après un court passage en astral. (Une classe sociale plus élevée récompense l'Esprit des premières souffrances éprouvées.)

11. — Évolution vers le monde divin.

INVOLUTION ET ÉVOLUTION DE L'ESPRIT IMMORTEL

RÉINCARNATION

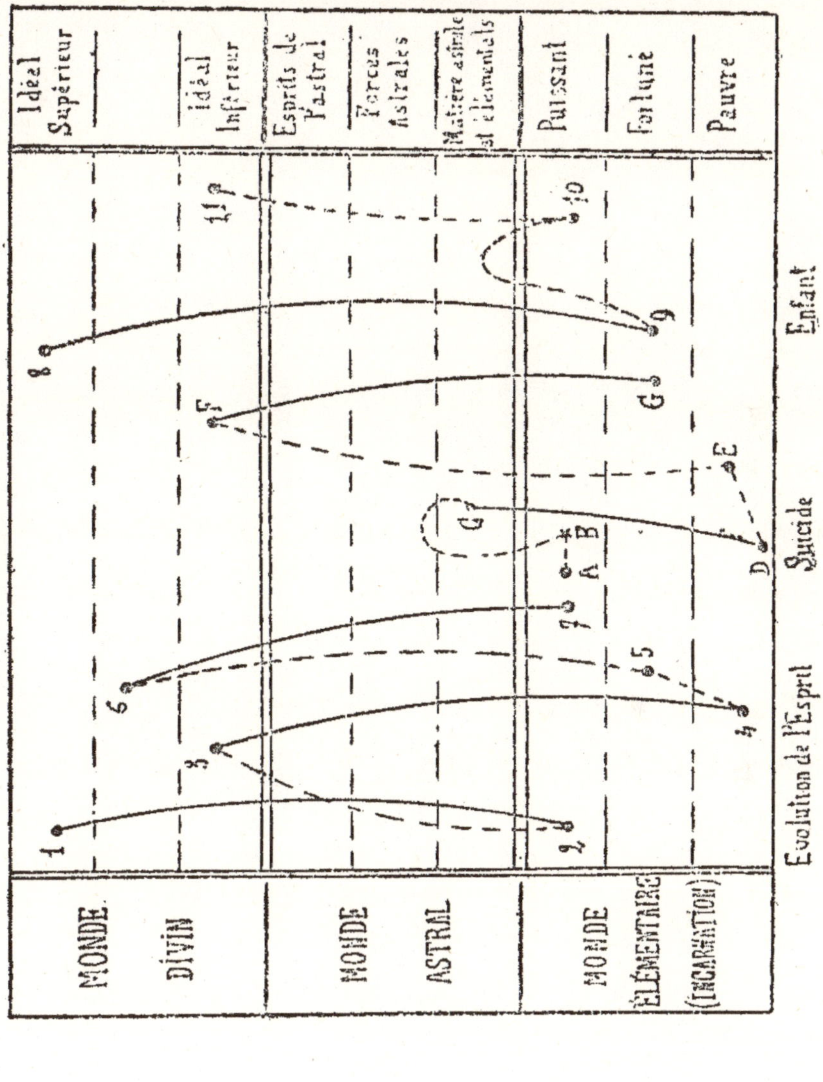

VIII. — (Voy. p. 184.)

TRANSMIGRATION DES AMES.
BÉATITUDE FINALE (1)

1. « O toi qui es exempt de péché, dirent les Maharchis, tu nous as déclaré tous les devoirs des quatre classes ; explique-nous maintenant, selon la vérité, la récompense suprême des actions.

2. « Le descendant de Manou, Brigou, souverainement juste, répondit aux Maharchis :

(1) Rien ne vaut les textes originaux pour juger sainement d'une question aussi importante que celle de la réincarnation. Aussi donnons-nous en entier le livre XII des Lois de Manou (traduction Pauthier). On y verra, déguisées sous les notions exotériques de la metempsychose, les plus hautes vérités concernant la réincarnation. Pour *le Bouddhisme*, voir Lafont, *op. cit.* pp. 161 et suiv.

« Ecoutez la souveraine décision de la rétribution destinée à tout ce qui est doué de la faculté d'agir.

3. « Tout acte de la pensée, de la parole ou du corps, selon qu'il est bon ou mauvais, porte un bon ou un mauvais fruit ; des actions des hommes résultent leurs différentes conditions supérieures, moyennes ou inférieures.

4. « Que l'on sache que, dans le monde, l'esprit (Manas) est l'instigateur de cet acte, lié avec l'être animé, qui a trois degrés, le supérieur, l'intermédiaire, et l'inférieur, qui s'opère de trois manières, par la pensée, par la parole et par le corps, et qui est de dix sortes.

5. « Penser aux moyens de s'approprier le bien d'autrui, méditer une action coupable, embrasser l'athéisme et le matérialisme, sont les trois mauvais actes de l'esprit.

6. « Dire des injures, mentir, médire de tout le monde et parler mal à propos, sont les quatre mauvais actes de la parole.

7. « S'emparer de choses non données, faire du mal aux êtres animés sans y être autorisé par

la loi, et courtiser la femme d'un autre, sont reconnus comme trois mauvais actes du corps ; les dix actes opposés sont bons au même degré.

8. « L'être doué de raison obtient une récompense ou une punition pour les actes de l'esprit, dans son esprit ; pour ceux de la parole, dans les organes de la parole ; pour les actes corporels, dans son corps.

9. « Pour des actes criminels provenant principalement de son corps, l'homme passe, après sa mort, à l'état de créature privée du mouvement ; pour des fautes surtout en paroles, il revêt la forme d'un oiseau ou d'une bête fauve; pour des fautes mentales spécialement, il renaît dans la condition humaine la plus vile.

10. « Celui dont l'intelligence exerce une autorité souveraine (danda) sur ses paroles, sur son esprit ou sur son corps, peut être nommé Tridandî (qui a trois pouvoirs) à plus juste titre que le dévot mendiant qui porte simplement trois bâtons (1).

(1) Le mot « danda » signifie à la fois autorité, commandement et bâton.

11. « L'homme qui déploie cette triple autorité qu'il a sur lui-même à l'égard de tous les êtres, et qui réprime le désir et la colère, obtient, par ce moyen, la béatitude finale.

12. « Le principe vital moteur de ce corps est appelé KCHÉTRADJNA par les hommes instruits, et ce corps qui accomplit les fonctions est désigné par les Sages sous le nom de BROUTATMA (composé d'éléments).

13. « Un autre esprit interne, appelé DJIVA ou Mahat, naît avec tous les êtres animés, et c'est au moyen de cet esprit, qui se transforme et devient la conscience et les sens, que, dans toutes les naissances, le plaisir et la peine sont perçus par l'âme (Kchétradjna).

14. « Ces deux principes, l'intelligence (Mahat) et l'âme (Kchétradjna), unis avec les cinq éléments, se tiennent dans une intime liaison avec cette Ame suprême (Paramâtmâ) qui réside dans les êtres de l'ordre le plus élevé et de l'ordre le plus bas.

15. « De la substance de cette Ame suprême s'échappent, comme les étincelles du feu, d'in-

nombrables principes vitaux qui communiquent sans cesse le mouvement aux créatures des ordres.

16. « Après la mort, les âmes des hommes qui ont commis de mauvaises actions prennent un autre corps, à la formation duquel concourent les cinq éléments subtils, et qui est destiné à être soumis aux tortures de l'enfer.

17. « Lorsque les âmes revêtues de ce corps ont subi, dans l'autre monde, les peines infligées par Yama, les particules élémentaires se séparent et rentrent dans les éléments subtils dont elles étaient sorties (1).

18. « Après avoir recueilli le fruit des fautes nées de l'abandon aux plaisirs des sens, l'âme dont la souillure a été effacée retourne vers ces deux principes doués d'une immense énergie,

(1) Ou, suivant une autre interprétation, ces âmes, à la dissolution du corps avec lequel elles ont subi les tortures de l'enfer, entrent dans les éléments grossiers auxquels elles s'unissent pour reprendre un corps et revenir au monde.

l'Ame suprême (Paramâtmâ) et l'intelligence (Mahat).

19. « Ces deux principes examinent ensemble, sans relâche, les vertus et les vices de l'âme, et suivant qu'elle s'est livrée à la vertu ou au vice, elle obtient dans ce monde et dans l'autre le plaisir ou la peine.

20. « Si l'âme pratique presque toujours la vertu et rarement le vice, revêtue d'un corps tiré des cinq éléments, elle savoure les délices du paradis (Swarga).

21. « Mais si elle s'est adonnée fréquemment au mal et rarement au bien, après la mort, de son corps tiré des cinq éléments, et revêtue d'un autre corps formé des particules subtiles des éléments, elle est soumise aux tortures infligées par Yama.

22. « Après avoir enduré ces tourments d'après la sentence du juge des enfers, l'âme (Djîva) dont la souillure est entièrement effacée, revêt de nouveau des proportions de ces cinq éléments, c'est-à-dire prend un corps.

23. « Que l'homme considérant, par le secours

de son esprit, que ces transmigrations de l'âme dépendent de la vertu et du vice, dirige toujours son esprit vers la vertu.

24. « Qu'il sache que l'âme (Atmâ), c'est-à-dire l'intelligence, a trois qualités (Gounas), la bonté (Sattwa), la passion (Radjas) et l'obscurité (Tamas), et, c'est douée de l'une de ces qualités, que l'intelligence (Mahat) reste incessamment attachée aux substances créées.

25. « Lorsque l'une de ces qualités domine entièrement dans un corps mortel, elle rend l'être animé pourvu de ce corps éminemment distingué par les marques de cette qualité.

26. « Le signe distinctif de la bonté est la science, celui de l'obscurité est l'ignorance, celui de la passion consiste dans le désir passionné et l'aversion : telle est la manière dont se manifestent invariablement ces qualités, qui accompagnent tous les êtres.

27. « Lorsque l'homme découvre dans l'âme intelligente un sentiment affectueux, entièrement calme et pur comme le jour, qu'il reconnaisse que c'est la qualité de bonté (Sattva).

28. « Mais toute disposition de l'âme qui est accompagnée de chagrin, qui produit l'aversion et porte sans cesse les êtres animés aux plaisirs des sens, qn'il la considère comme la qualité de passion (Radjas), qui est difficile à vaincre.

29. « Quant à cette disposition qui est privée de la distinction du bien et du mal, incapable de discerner les objets, inconcevable, inappréciable pour la conscience et les sens extérieurs, qu'il la reconnaisse pour la qualité d'obscurité (Tamas).

30. « Je vais maintenant vous déclarer complètement les actes excellents, médiocres et mauvais, qui procèdent de ces trois qualités.

31. « L'étude du Véda, la dévotion austère, la science divine, la pureté, l'action de dompter les organes des sens, l'accomplissement des devoirs et la méditation de l'Ame suprême, sont les effets de la qualité de bonté.

32. « N'agir que dans l'espoir d'une récompense, se laisser aller au découragement, faire des choses défendues par la loi, et s'abandonner

sans cesse aux plaisirs des sens, sont les marques de la qualité de passion ;

33. « La cupidité, l'indolence, l'irrésolution, la médisance, l'athéisme, l'omission des actes prescrits, l'importunité et la négligence dénotent la qualité d'obscurité.

34. « En outre, pour ces trois qualités placées dans les trois moments du passé, de l'avenir et du présent, voici en abrégé les indices qu'on doit reconnaître comme les meilleurs :

35. « L'action dont on a honte, lorsqu'on vient de la faire, lorsqu'on la fait, ou lorsqu'on se prépare à la faire, doit être considérée par l'homme sage comme empreinte de la qualité d'obscurité ;

36. « Tout acte par lequel on désire acquérir dans le monde une grande renommée, sans toutefois s'affliger beaucoup de la non réussite, doit être regardé comme appartenant à la qualité de passion.

37. « Lorsqu'on désire de toute son âme connaître les saints dogmes, lorsqu'on n'a pas honte de ce qu'on fait et que l'âme en éprouve

de la satisfaction, cette action porte la marque de la qualité de bonté.

38. « L'amour du plaisir distingue la qualité d'obscurité ; l'amour de la richesse, la qualité de passion ; l'amour de la vertu, la qualité de bonté ; la supériorité de mérite suit pour ces choses l'ordre d'énumération.

39. « Je vais maintenant vous déclarer succinctement et par ordre, les diverses transmigrations que l'âme éprouve dans cet univers par l'influence de ces trois qualités.

40. « Les âmes douées de la qualité de bonté acquièrent la nature divine, celles que domine la passion ont en partage la condition humaine, les âmes plongées dans l'obscurité, sont ravalées à l'état des animaux : telles sont les trois principales sortes de transmigrations.

41. « Chacune de ces trois sortes de transmigrations causées par les différentes qualités doit être reconnue avoir trois degrés, l'inférieur, l'intermédiaire et le supérieur, en raison des actes et du savoir.

42. « Les végétaux (1), les vers et les insectes, les poissons, les serpents, les tortues, les bestiaux et les animaux sauvages, sont les conditions les plus basses dépendantes de la qualité d'obscurité.

43. « Les éléphants, les chevaux, les Soûdras, les Barbares (Mlétchhas) méprisés, les lions, les tigres et les sangliers, forment les états moyens procurés par la qualité d'obscurité :

44. « Les danseurs, les oiseaux, les hommes qui font métier de tromper, les géants (Râkchasas) et les vampires (Pisâtchas), composent l'ordre le plus élevé de la qualité d'obscurité.

45. « Les bâtonnistes (Djhallas), les lutteurs (Mallas), les acteurs, les maîtres d'armes et les hommes adonnés au jeu ou aux boissons enivrantes, sont les états les plus bas causés par la qualité de passion.

46. « Les rois, les guerriers (Kchatriyas), les conseillers spirituels des rois, et les hommes très habiles dans la controverse, forment l'or-

(1) Littéralement, les êtres privés de mouvement.

dre intermédiaire de la qualité de passion.

47. « Les Musiciens célestes (Gandharbas), les Gouhyacas et les Yakchas, les génies qui suivent les Dieux, et toutes les Nymphes célestes (Apsarâs), sont les plus élevées de toutes les conditions que procure la qualité de passion.

48. « Les anachorètes, les dévots ascétiques, les Brâhmanes, les légions de demi-Dieux aux chars aériens, les Génies des astérismes lunaires et les Daityas, forment le premier degré des conditions occasionnées par la qualité de bonté.

49. « Les sacrificateurs, les Saints (Richis) les Dieux, les Génies des Védas, les Régents des étoiles, les Divinités des années, les Pitris et les Sâdhyas, composent le degré intermédiaire auquel mène la qualité de bonté.

50. « Brahmâ, les créateurs du monde, comme Marîtchi, le Génie de la vertu, les deux Divinités qui président au principe intellectuel (Mahat) et au principe invisible (Avykata) du système Sânkhya, ont été déclarés le suprême degré de la qualité de bonté.

51. « Je vous ai révélé dans toute son étendue ce système de transmigrations divisé en trois classes, dont chacune a trois degrés, lequel se rapporte à trois sortes d'actions, et comprend tous les êtres.

52. « En se livrant aux plaisirs des sens, et en négligeant leurs devoirs, les plus vils des hommes qui ignorent les expiations saintes ont, en partage, les conditions les plus méprisables.

53. « Apprenez maintenant, complètement et par ordre, pour quelles actions commises ici-bas l'âme doit, en ce monde, entrer dans tel ou tel corps.

54. « Après avoir passé de nombreuses séries d'années dans les terribles demeures infernales, à la fin de cette période, les grands criminels sont condamnés aux transmigrations suivantes, pour achever d'expier leurs fautes.

55. « Le meurtrier d'un Brâhmane passe dans le corps d'un chien, d'un sanglier, d'un âne, d'un chameau, d'un taureau, d'un bouc, d'un bélier, d'une bête sauvage, d'un oiseau,

d'un Tchandâla et d'un Poukkasa, suivant la gravité du crime.

56. « Que le Brâhmane qui boit des liqueurs spiritueuses renaisse sous la forme d'un insecte, d'un ver, d'une sauterelle, d'un oiseau se nourrissant d'excréments, et d'un animal féroce.

57. « Le Brâhmane qui a volé de l'or passera mille fois dans des corps d'araignées, de serpents, de caméléons, d'animaux aquatiques, et de vampires malfaisants.

58. « L'homme qui a souillé le lit de son père naturel ou spirituel renaît cent fois à l'état d'herbe, de buisson, de liane, d'oiseau carnivore comme le vautour, d'animal armé de dents aiguës comme le lion, et de bête féroce, comme le tigre.

59. « Ceux qui commettent des actes de cruauté deviennent des animaux avides de chair sanglante comme les chats ; ceux qui mangent des aliments défendus deviennent des vers ; les voleurs, des êtres se dévorant l'un l'autre ; ceux qui courtisent des femmes de la basse classe, des esprits.

60. « Celui qui a eu des rapports avec des hommes dégradés, qui a connu la femme d'un autre, ou qui a volé quelque chose, mais non de l'or, à un Brâhmane, deviendra un esprit appelé Brahmarâkchasa.

61. « Si un homme a dérobé par cupidité des pierres précieuses, des perles, du corail ou des bijoux de diverses sortes, il renaît dans la tribu des orfèvres (ou dans le corps de l'oiseau hémakâra).

62. « Pour avoir volé du grain, il devient rat dans la naissance qui suit ; du laiton, cygne ; de l'eau, plongeon ; du miel, taon ; du lait, corneille ; le sucre extrait d'une plante, chien ; du beurre clarifié, mangouste.

63. « S'il a volé de la viande, il renaît vautour ; de la graisse, madgou (1) ; de l'huile, tailapaka (2) ; du sel, cigale ; du caillé, cigogne (balâkâ).

(1) Le madgou est un oiseau de mer.

(2) Le tailapaka est un oiseau inconnu ; son nom signifie buveur d'huile.

64. « S'il a volé des vêtements de soie, il renaît perdrix ; une toile de lin, grenouille ; un tissu de coton, courlieu ; une vache, crocodile ; du sucre, vâggouda (1).

65. « Pour vol de parfums agréables, il devient rat porte-musc ; d'herbes potagères, paon ; de grain diversement apprêté, hérisson ; de grain cru, porc-épic.

66. « Pour avoir volé du feu, il renaît héron ; un ustensile de ménage, frelon ; des vêtements teints, perdrix rouge.

67. « S'il a volé un cerf ou un éléphant, il renaît loup ; un cheval, tigre ; des fruits ou des racines, singe ; une femme, ours ; de l'eau à boire, tchâtaka (2) ; des voitures, chameau ; des bestiaux, bouc.

68. « L'homme qui enlève par force tel ou tel objet appartenant à un autre, ou qui mange

(1) Oiseau inconnu.

(2) Espèce de coucou (cuculus-melano-leucus). Les Indiens croient que cet oiseau ne se désaltère que dans l'eau de la pluie, durant la chute même de cette eau à travers les airs.

du beurre clarifié et des gâteaux, avant qu'ils aient été offerts à une Divinité, sera inévitablement ravalé à l'état de brute.

69. « Les femmes qui ont commis de semblables vols encourent une semblable souillure ; elles sont condamnées à s'unir à ces êtres comme leurs femelles.

70. « Lorsque les (hommes des quatre) classes, sans une nécessité urgente, s'écartent de leurs devoirs particuliers, ils passent dans les corps les plus vils et sont réduits à l'esclavage sous leurs ennemis.

71. « Un Brâhmane qui néglige son devoir, renaît après sa mort sous la forme d'un esprit (Préta), nommé Oulkâmoukha (1), qui mange ce qui a été vomi : un Kchatriya sous celle d'un esprit appelé Katapoûtana, qui se nourrit d'aliments impurs et de cadavres en putréfaction :

72. « Un Vaisya devient un malin esprit

(1) Oulkâmoukha signifie, dont la bouche est comme un brandon.

appelé Maitrâkchadjyotika, qui avale des matières purulentes ; un Soûda qui néglige ses occupations devient un mauvais génie appelé Tchailâsaka, qui se nourrit de poux.

73. « Plus les êtres animés enclins à la sensualité se livrent aux plaisirs des sens, plus la finesse de leurs sens acquiert de développement.

74. « Et en raison du degré de leur obstination à commettre ces mauvaises actions, ces insensés éprouveront ici-bas des peines de plus en plus cruelles, en revenant au monde sous telle ou telle forme ignoble.

75. « Ils vont d'abord dans le Tâmisra, et dans d'autres horribles demeures de l'enfer, dans l'Asipatravana (forêt qui a pour feuilles des lames d'épée) et dans divers lieux de captivité et de torture :

76. « Des tourments de toutes sortes leurs sont réservés ; ils seront dévorés par des corbeaux et par des hiboux ; il avaleront des gâteaux brûlants, marcheront sur des sables enflammés, et éprouveront l'insupportable dou-

leur d'être mis au feu comme les vases d'un potier.

77. « Ils naîtront sous les formes d'animaux exposés à des peines continuelles ; ils souffriront alternativement la douleur de l'excès du froid et du chaud, et seront en proie à toutes sortes de terreurs.

78. « Plus d'une fois ils séjourneront dans différentes matrices et viendront au monde avec douleur ; ils subiront de rigoureuses détentions, et seront condamnés à servir d'autres créatures ;

79. « Ils seront forcés de se séparer de leurs parents, de leurs amis, et de vivre avec des méchants ; ils amasseront des richesses et les perdront ; leurs amis acquis avec peine, deviendront leurs ennemis.

80. « Ils auront à supporter une vieillesse sans ressources, des maladies douloureuses, des chagrins de toute espèce et la mort impossible à vaincre.

81. « Dans quelque disposition d'esprit, produite par l'une des trois qualités, qu'un homme accomplisse tel ou tel acte, il en recueille le

fruit dans un corps doué de cette qualité.

82. « La rétribution due aux actions vous a été révélée en entier ; connaissez maintenant ces actes d'un Brâhmane, qui peuvent le mener au bonheur éternel (Nihsréyasa) (1).

83. « Etudier et comprendre les Védas, pratiquer la dévotion austère, connaître Dieu (Brahme), dompter les organes des sens, ne point faire de mal, et honorer son maître spirituel, sont les principales œuvres conduisant à la béatitude finale.

84. « Mais parmi tous ces actes vertueux, accomplis dans ce monde, dirent les Saints, un acte est-il reconnu avoir plus de puissance que tous les autres pour mener à la félicité suprême ?

85. « De tous ces devoirs, répondit Bhrigou, le principal est d'acquérir, au moyen de l'étude des Oupanichads, la connaissance de l'âme

(1) Nihsréyasa est synonyme de Mokcha ; ces deux mots signifient la béatitude finale, l'état de l'âme délivrée du corps, et qui se réunit pour toujours à l'Ame universelle.

(Atmâ) suprême, c'est la première de toutes les sciences ; par elle en effet on acquiert l'immortalité.

86. « Oui ! parmi ces six devoirs, l'étude du Véda, dans le but de connaître l'Ame suprême (Paramâtmâ), est regardée comme le plus efficace pour procurer la félicité en ce monde aussi bien que dans l'autre.

87. « Car dans cette œuvre de l'étude du Véda et dans l'adoration de l'âme suprême, sont entièrement comprises toutes les règles de la bonne conduite, énumérées ci-dessus dans l'ordre.

88. « Le culte prescrit par les Livres Saints est de deux sortes : l'un, en rapport avec ce monde et procurant des jouissances, comme celles du Paradis, par exemple ; l'autre, détaché des choses du monde et conduisant à la félicité suprême.

89. « Un acte pieux, procédant de l'espoir d'un avantage dans ce monde, comme, par exemple, un sacrifice pour obtenir de la pluie, ou dans l'autre vie, comme une oblation faite dans

le but d'en être récompensé après la mort, est déclaré lié au monde ; mais celui qui est désintéressé, et dirigé par la connaissance de l'Etre divin (Brahme), est dit détaché du monde.

90. « L'homme qui accomplit fréquemment des actes religieux intéressés parvient au rang des dieux (Dévas) ; mais celui qui accomplit souvent des œuvres pieuses désintéressées, se dépouille pour toujours de cinq éléments, et obtient la délivrance des liens du corps.

91. « Voyant également l'âme suprême dans tous les êtres, et tous les êtres dans l'âme suprême, en offrant son âme en sacrifice, il s'identifie avec l'Etre qui brille de son propre éclat.

92. « Tout en négligeant les rites religieux prescrits par les Sâstras, le Brâhmane doit avec persévérance méditer sur l'Ame suprême, vaincre ses sens et répéter les Textes saints :

93. « C'est en cela que consiste l'avantage de la seconde naissance, principalement pour le Brahmane ; puisque le Dwidja, en s'acquittant

de ce devoir, obtient l'accomplissement de tous ses désirs, et non autrement.

94. « Le Véda est un œil éternel pour les Mânes (Pitris), les Dieux et les hommes ; le Livre saint ne peut pas avoir été fait par les mortels, et n'est pas susceptible d'être mesuré par la raison humaine ; telle est la décision.

95. « Les recueils de lois qui ne sont pas fondés sur le Véda, ainsi que les systèmes hétérodoxes quelconques, ne produisent aucun bon fruit après la mort ; car les législateurs ont déclaré qu'ils n'ont d'autres résultats que les ténèbres infernales.

96. « Tous les livres qui ne reposent pas sur la Sainte Ecriture sont sortis de la main des hommes, et périront ; leur postériorité prouve qu'ils sont inutiles et mensongers.

97. « La connaissance des quatre classes, des trois mondes et des quatre ordres distincts, avec tout ce qui a été, tout ce qui est et tout ce qui sera, dérive du Véda.

98. « Le son, l'attribut tangible, la forme visible, le goût et l'odeur, qui est le cinquième

objet des sens, sont expliqués clairement dans le Véda, avec la formation des éléments dont ils sont les qualités, et avec les fonctions des éléments.

99. « Le Véda-Sâstra primordial soutient toutes les créatures ; en conséquence, je le regarde comme la cause suprême de prospérité pour l'homme.

100. « Celui qui comprend parfaitement le Véda-Sâstra mérite le commandement des armées, l'autorité royale, le pouvoir d'infliger des châtiments et la souveraineté de toute la terre.

101. « De même qu'un feu violent brûle même les arbres encore verts, de même l'homme qui étudie et comprend les Livres Saints détruit toute souillure de lui-même, née du péché.

102. « Celui qui connaît parfaitement le sens du Véda-Sâstra, quel que soit l'ordre dans lequel il se trouve, se forme, pendant son séjour dans ce bas monde, pour l'identification avec Dieu (Brahme).

103. « Ceux qui ont beaucoup lu valent mieux que ceux qui ont peu étudié ; ceux qui possè-

dent ce qu'il ont lu sont préférables à ceux qui ont lu et oublié ; ceux qui comprennent ont plus de mérite que ceux qui savent par cœur ; ceux qui remplissent leur devoir sont préférables à eeux qui le connaissent simplement.

104. « La dévotion et la connaissance de l'Ame divine sont, pour un Brâhmane, les meilleurs moyens de parvenir au bonheur suprême : par la dévotion il efface ses fautes ; par la connaissance de Dieu (Brahme) il se procure l'immortalité.

105. « Trois modes de preuves : l'évidence, le raisonnement et l'autorité des différents livres déduits de la Sainte Écriture, doivent être bien compris par celui qui cherche à acquérir une connaissance positive de ses devoirs.

106. « Celui qui raisonne sur la Sainte Écriture et sur le recucil de la loi, en s'appuyant sur des règles de logique conformes à l'Écriture Sainte, connaît seul le système des devoirs religieux et civils.

107. « Les règles de conduite qui mènent à la béatitude ont été exactement et entièrement

déclarées ; la partie secrète de ce code Manou va vous être révélée.

108. « Dans tous les cas particuliers dont il n'est pas fait de mention spéciale, si l'on demande ce qu'il convient de faire, le voici : que la décision prononcée par les Brâhmanes instruits, ait force de loi, sans contestation.

109. « Les Brâhmanes qui ont étudié, comme la loi l'ordonne, le Véda et ses branches, qui sont les Angas, la doctrine Mimânsâ (1), le Dharma-Sâstra et les Pourânas, et qui peuvent tirer des preuves du Livre révélé, doivent être reconnus comme très instruits.

110. « Que personne ne conteste un point de loi décidé par une assemblée de dix Brâhmanes au moins, ou par un conseil de Brâhmanes vertueux, qui ne doivent pas être moins de trois réunis.

111. « L'assemblée, composée de dix juges, au moins, doit renfermer trois Brâhmanes ver-

(1) Mimnâsâ, l'un des systèmes philosophiques des Indiens.

sés dans les trois livres saints, un Brâhmane imbu du système philosophique orthodoxe du Nyàya, un autre imbu de la doctrine Mimâsâ, un érudit connaissant le Niroukta (1), un légiste et un membre de chacun des trois premiers ordres.

112. « Un brâhmane ayant particulièrement étudié le Rig-Véda, un second connaissant spécialement le Yadjous, un troisième possédant le Sâma-Véda, forment le conseil de trois juges pour la solution de tous les doutes en matière de jurisprudence.

113. « La décision même d'un seul Brâhmane, pourvu qu'il soit versé dans le Véda, doit être considérée comme une loi de la plus grande autorité, et non celle de dix mille individus ne connaissant pas la doctrine sacrée.

114. « Des Brâhmanes qui n'ont pas suivi les règles du noviciat, qui ne connaissent pas les Textes saints, et n'ont d'autre recomman-

(1) Niroukta, l'un des Védangas, glossaire comprenant l'explication des termes obcurs qui se rencontrent dans les Védas.

dation que leur classe, fussent-ils au nombre de plusieurs mille, ne sont pas admis à former une assemblée légale.

115. « La faute de celui à qui des gens ineptes, pénétrés de la qualité d'obscurité, expliquent la Loi qu'ils ignorent eux-mêmes, cette faute retombera sur ces hommes, et cent fois plus considérable.

116. « Les actes excellents qui conduisent à la béatitude éternelle vous ont été déclarés ; le Dwidja qui ne les néglige pas obtient un sort très heureux.

117. « C'est ainsi que le puissant et glorieux Manou, par bienveillance pour les mortels, m'a révélé entièrement ces lois importantes qui ne doivent être un secret que pour tous les hommes indignes de les connaître.

118. « Que le Brâhmane, réunissant toute son attention, voie dans l'Ame divine toutes les choses visibles et invisibles ; car, en considérant tout dans l'Ame, il ne livre pas son esprit à l'iniquité.

119. « L'Ame est l'assemblage des Dieux ;

l'univers repose dans l'Ame suprême; c'est l'Ame qui produit la série des actes accomplis par les êtres animés.

120. « Que le Brâhmane contemple, par le secours de la méditation, l'éther subtil dans les cavités de son corps ; l'air, dans son action musculaire et dans les nerfs du toucher ; la suprême lumière du feu et du soleil, dans sa chaleur digestive et dans ses organes visuels ; l'eau, dans les fluides de son corps ; la terre, dans ses membres.

121. « La lune (Indou), dans son cœur ; les Génies des huit régions (1), dans son organe de l'ouïe ; Vichnou (2), dans sa marche ; Hara (3), dans sa force musculaire ; Agni dans sa

(1) Ces Génies des huit régions ou points cardinaux sont Indra, Agni, Yama, Nairita, Varouna, Vayou, Kouvéra et Isa.

(2) Vichnou, nommé cette seule fois dans le Texte de Manou, n'est sans doute ici qu'un Dieu secondaire, peut-être celui des 12 Adityas qui porte ce nom. Les Pouranas font de Vichnou un Dieu supérieur à Brahma.

(3) Hara, nom de l'un des onze Roudras.

parole ; Mitra (1), dans sa faculté excrétoire; Pradjâpati, dans son pouvoir procréateur ;

122. « Mais il doit se représenter le grand Être (Para-Pouroucha) comme le souverain maître de l'Univers, comme plus subtil qu'un atome, comme aussi brillant que l'or le plus pur, et comme ne pouvant être conçu par l'esprit que dans le sommeil de la contemplation la plus abstraite.

123. « C'est ce Dieu qui, enveloppant tous les êtres d'un corps formé des cinq éléments, les fait passer successivement de la naissance à l'accroissement, de l'accroissement à la dissolution, par un mouvement semblable à celui d'une roue.

124. « Ainsi l'homme qui reconnaît, dans sa propre âme, l'Ame suprême présente dans toutes les créatures, se montre même à l'égard de tous et obtient le sort le plus heureux,

(1) Mitra, un des douze Adityas.

celui d'être à la fin absorbé dans Brâhma. »

125. Ainsi termina le Sage, et le Dwidja qui lit ce code de Manou, promulgué par Bhrigou, sera toujours vertueux et obtiendra la félicité qu'il désire.

KRISHNAISME ET BOUDDHISME

Voici quelques extraits concernant la réincarnation dans les religions qui ont vu le jour après le Brahmanisme.

« Ce qui est né doit sûrement mourir et ce qui est mort doit renaître. » Bhagavad Gita...

« Quand la Justice languit, quand l'injustice se relève, alors je me fais moi-même créature, et je nais, d'âge en âge, pour la défense des bons, pour la ruine des méchants, pour le rétablissement de la Justice. Celui qui connaît selon la Vérité ma naissance et mon œuvre divine, quittant son corps ne retourne pas à une naissance nouvelle : il vient à Moi ». (Paroles de Krishna. Bhagavad Gita).

De la Sensation naît le Désir et de ce désir

l'attachement aux objets existants. Cette soif de vivre, cette volonté de vivre suffit au moment de la Mort pour rattacher l'homme à une nouvelle existence. Par cette reproduction d'existence revient la naissance et avec elle tout son cortège de maux : décrépitude, vieillesse et mort...

(*Résumé du Bouddhisme* par G. de Lafont, p. 170.)

LA RÉINCARNATION HUMAINE (1)

Souvenirs des vies passées. — Si l'âme a déjà habité sur la terre avant la naissance corporelle, pourquoi le souvenir des vies antérieures n'existe-t-il pas en chacun de nous ? La réponse à cette interrogation me paraît bien simple ; c'est parce que les conditions qui président à la rénovation du souvenir ne sont pas remplies.

Il n'est pas besoin de faire des hypothèses à ce sujet, il suffit simplement de constater ce qui se produit dans la vie habituelle. Il est

(1) Gabriel Delanne, l'éminent écrivain spirite, a publié dans le volume consacré au Congrès de 1900, p. 339, un rapport très important dont nous détachons les pages suivantes.

d'observation courante que les rêves ne laissent, généralement, pas de traces au réveil ; bien que des périodes de notre existence actuelle s'effacent si bien de la conscience, qu'il devient impossible de les faire revivre par la volonté. Cependant, ces souvenirs ne sont pas perdus et l'on peut les retrouver intégralement dans le sommeil somnambulique, lorsque l'on rétablit le périsprit dans les mêmes conditions dynamiques que celles qu'il possédait au moment où a eu lieu la perception. M. Pitre et son école, MM. les docteurs Bourru et Burot, M. Pierre Janet, ont mis ce fait hors de conteste; et il n'est pas de magnétiseur qui ne sache que l'oubli au réveil est un des caractères les plus constants du somnambulisme. Replacé une autre fois dans l'état second, le sujet récupère la connaissance de ce qu'il a dit et fait pendant ses autres sommeils magnétiques. Il existe donc des séries de mémoires qui coexistent chez le même sujet et qui s'ignorent complètement, absolument. Dans ces conditions, il est aisé de comprendre que si l'hypothèse des vies successives est exacte, le souvenir d'une incarnation antérieure est généralement impossible, car le mouvement vibratoire de l'enveloppe périspritale unie à la matière pendant la vie actuelle, diffère trop sensiblement de ce qu'il était dans une vie antérieure, pour que les minima d'intensité et de durée nécessaires à la rénovation de ces souvenirs, puissent être atteints. Cette immense réserve de matériaux psychiques constituerait le soubassement de notre individualité intellectuelle et morale, elle formerait cette trame primitive de l'intelligence, plus ou moins riche, sur laquelle chaque vie brode des arabesques nouvelles. Mais tous ces acquis ne peuvent se manifester que par ces tendances primitives, que chacun apporte en naissant et que l'on nomme le caractère. Dès lors, l'inconscience la plus parfaite doit être la règle, et c'est précisément ce qui se produit. Mais il n'existe pas de règles sans exceptions.

De même que l'on a remarqué, chez certains sujets, la conservation du souvenir au réveil, de même il peut se rencontrer des individus qui se rappellent avoir déjà vécu. Chez quelques-uns, ce réveil des sensations anciennes a lieu naturellement.

Ici, malgré mon désir d'être le plus succinct possible, je ne puis passer sous silence les cas relativement nombreux qui sont à ma connaissance, et qui paraissent appuyer fortement la théorie de la réincarnation. Cette croyance à une évolution continue du principe intelligent a été, avec quelques variantes, celle de l'Inde, des prêtres de l'Egypte, des Druides et d'une partie des philosophes grecs. Pythagore, défiant l'ironie de ses contemporains, avait coutume de dire publiquement qu'il se souvenait avoir été Hermotine, Euphorbe et un Argonaute.

Julien l'Apostat se rappelait avoir été Alexandre de Macédoine. Empédocle aussi affirmait que, quant à lui, « il se souvenait même avoir été garçon et fille ». Mais comme nous ne savons rien sur les circonstances qui purent déterminer ces affirmations, nous passerons aux écrivains de nos jours, qui relatent des faits du même ordre.

Parmi les modernes, le grand poète Lamartine déclare, dans son *Voyage en Orient*, avoir eu des réminiscences très nettes. Voici son témoignage : « Je n'avais en Judée ni Bible ni voyage à la main, personne pour me donner le nom des lieux et le nom antique des vallées et des montagnes, pourtant je reconnus de suite la vallée de Térébinthe et le champ de bataille de Saül. Quand nous fûmes au Couvent, les Pères me confirmèrent l'exactitude de mes prévisions, mes compagnons ne pouvaient le croire. De même, à Séphora, j'avais désigné du doigt et nommé par son nom une colline surmontée d'un château ruiné, comme le lieu probable de la naissance de la Vierge. Le lendemain, au pied d'une montagne aride, je reconnus le tombeau des Machabées, et je disais vrai sans le savoir. Excepté les vallées du Liban, etc..., je n'ai presque jamais rencontré en Judée un lieu ou une chose qui ne fut pour moi comme un souvenir. Avons nous donc vécu deux fois ou mille fois ? Notre mémoire n'est-elle qu'une image ternie que le souffle de Dieu ravive ? »

Ces réminiscences ne peuvent être dues à des rappels de souvenirs provenant de lectures, car la Bible ne fait pas la description exacte des paysages où se passent les scènes historiques, elle relate simplement les événements. Peut-on attribuer ces intuitions si nettes et si précises à une clairvoyance pendant le sommeil ? Il n'est nullement démontré que M. de Lamartine fut somnambule, mais si l'on admet cette hypothèse, comment aurait-il fait pour connaître les noms exacts de chacun de ces endroits ? Si ce sont des Esprits qui les lui ont indiqués, pourquoi se souvient-il seulement de ces paysages et nullement de ses instructions invisibles ? Il ne faut pas faire intervenir les Esprits tant que leur présence n'est pas démontrée, et il me paraît que c'est ici le cas.

M. le comte de Résie, dans son *Histoire des sciences occultes*, tome II, page 292, dit : « Nous pouvons citer notre propre témoignage, ainsi que les nombreuses surprises que nous a fait éprouver bien des fois l'aspect de beaucoup de lieux, dans différentes parties du monde, dont la vue nous rappelait aussitôt un ancien souvenir, une chose qui ne nous était pas inconnue, et que nous voyions pourtant pour la première fois. »

Dans le journal *La Presse*, du 20 septembre 1868, un romancier populaire, Ponson du Terrail, ennemi cependant du Spiritisme, écrivait qu'il se souvenait d'avoir vécu sous Henri III et Henri IV, et, dans ses souvenirs, le grand roi n'était en rien semblable à celui dont lui parlaient ses parents. Je pourrais rappeler aussi que Théophile Gautier et Alexandre Dumas ont affirmé, à différentes reprises, leur croyance, basée sur des souvenirs intimes, à des vies passées ; mais je préfère arriver de suite aux récits qui portent en eux-mêmes les preuves de leur authenticité.

Dans un article biographique sur Méry, paru de son vivant dans le *Journal Littéraire*, du 25 septembre 1864, l'auteur affirme que cet écrivain croyait fermement avoir déjà vécu plusieurs fois ; qu'il se rappelait les moindres circonstances de ses existences précédentes et qu'il les détaillait avec une force de certitude qui imposait la conviction. « Ainsi, dit le biographe, il affirme avoir fait la guerre des Gaules et avoir combattu en Germanie avec Germanicus. Il a reconnu cette fois des sites où il a campé jadis, dans certaines vallées des champs de bataille où il a combattu autrefois. Il s'appelait alors Minius. Ici se place un épisode qui semble bien établir que ces souvenirs ne sont pas simplement des mirages de son imagination. Je cite textuellement :

« Un jour, dans sa vie présente, il était à Rome et il visitait la bibliothèpue du Vatican. Il y fut reçu par de jeunes femmes, des novices en longues robes brunes, qui se mirent à lui parler le latin le plus pur. Méry était bon latiniste, en tout ce qui tient à la théorie et aux choses écrites, mais il n'avait pas encore essayé de causer familièrement dans la langue de Juvénal. En entendant ces Romains d'aujourd'hui, en admirant ce magnifique idiome, si bien harmonisé avec les monuments, avec les mœurs de l'époque où il était en usage, il lui sembla qu'un voile tombait de ses yeux ; il lui sembla que lui-même avait conversé, en d'autre temps, avec des amis qui se servaient de ce langage divin. Des phrases toutes faites et irréprochables tombaient de ses lèvres ; il trouva immédiatement l'élégance et la correction ; il parla latin enfin, comme il parle français. Tout cela ne pouvait se faire sans un apprentissage, et s'il n'eut pas traversé ce siècle de toutes les splendeurs, il ne se serait pas improvisé une science impossible à acquérir en quelques heures. »

L'auteur a raison. Il faut soigneusement distinguer ce fait des hypéresthésies de la mémoire, maintes fois observées dans le somnambulisme et la maladie. Dans ces états spéciaux, le sujet répète parfois des tirades entières, entendues autrefois au théâtre ou lues anciennement, et profondément oubliées à l'état normal. Mais une conversation soutenue dans une langue inusitée sans hésitations, sans recherches, en jouissant pleinement de ses facultés, ceci suppose, évidemment, pour la prononciation et la traduction des idées, la mise en fonction d'un mécanisme longtemps inactif, mais qui se réveille au moment propice, sous la stimulation de ses efforts. On n'improvise pas un langage, alors même que l'on en connaît les mots et les règles grammaticales. Il reste la partie la plus difficile : celle de l'énonciation des idées, celle-ci dépend des muscles du larynx et des localisations cérébrales et ne peut s'acquérir que par l'habitude. Si à cette résurrection mnémonique on joint les souvenirs précis de lieux jadis habités et reconnus, cette fois, il y a de très fortes présomptions pour admettre les vies multiples comme l'explication la plus logique de ces phénomènes. Ils sont d'ailleurs moins rares que l'on a voulu le prétendre. Je vais encore citer quelques exemples pris dans la collection de la *Revue Spirite*.

Un spirite de la première heure, le professeur Damiani, adressa, le 1er novembre 1878, à l'éditeur du Banner of Light de Boston, une lettre en réponse à certaines polémiques, au sujet de la réincarnation ; j'en extrais le passage suivant :

« Qu'il me soit permis de dire pourquoi je pense n'avoir pas été trompé dans mes visions spirituelles. Avant d'être réincarnationniste et quand j'étais aussi opposé à ces théories que peut l'être qui que ce soit, différents médiums, qui ne se connaissaient pas, m'entretinrent de mes réincarnations.

« J'en ai beaucoup ri, à l'époque où je qualifiais ces révélations d'histoires ! Mais quand, après avoir oublié ces circonstances, plusieurs années s'étant écoulées, je possédai le don de la vision spirituelle ; quand je me vis moi-même au milieu des familles de mes existences passées, vêtu des costumes du temps et des peuples que m'avaient décrit d'autres voyants, oh ! pour moi, voir dut être croire. »

Cette déclaration me paraît probante puisqu'elle émane d'un observateur incrédule, qui ne devient croyant que d'après son contrôle personnel. Quelle cause pourrait produire les affirmations concordantes de médiums inconnus entre eux et qui s'accordent cependant pour relater les mêmes faits ?

Si les vies antérieures laissent en nous des traces, il est possible à certains sujets de lire ces inscriptions hiéroglyphiques, ces ruines vénérables, écrites en une langue que seule la faculté psychométrique permet de déchiffrer. Les descriptions des voyants doivent être semblables puisqu'elles s'appuient sur des documents positifs ; de là, probablement, cette unanimité que le professeur Damiani constate et qu'il vérifie lorsque ce pouvoir s'est développé en lui.

La *Revue Spirite* de 1860 (p. 206), contient la lettre d'un officier de marine, qui se souvient d'avoir vécu et d'être mort assassiné à l'époque de la Saint-Barthélemy. Les circonstances de cette existence sont profondément gravées dans son être, et il raconte des faits qui montrent que ces réminiscences ne sont pas dues à un caprice de son esprit : « Si je vous disais, écrit-il, que j'avais sept ans, lorsque j'eus ce rêve que, fuyant, je fus atteint en plein dos par trois coups de poignards. Si je vous disais que ce salut, qui se fait sous les armes, avant de se battre, je l'ai fait la première fois que j'ai eu un fleuret à la main. Si je vous disais que chaque préliminaire, plus ou moins gracieux que l'éducation ou la civilisation ont mis dans l'art de se tuer, m'était connu avant toute éducation dans les armes, etc... » Cette science instinctive, antérieure à toute éducation, doit avoir été acquise quelque part. Où est-ce, si on ne vit qu'une fois ?

M. Lagrange raconte, dans une lettre adressée à la *Revue* (1) en 1880, qu'il connaît, à la Véra-Cruz, un enfant de sept ans, nommé Jules-Alphonse, qui guérit par l'imposition de ses petites mains, ou à l'aide de remèdes végétaux dont il donne la recette. Quand on lui demande où il les a eus, il répond que lorsqu'il était grand, il était médecin. Cette faculté extraordinaire s'est déclarée à l'âge de quatre ans, et bien des personnes, d'abord sceptiques, se sont ensuite déclarées convaincues.

On peut prétendre, ici, que l'enfant est simplement médium : en effet il entend les esprits ;

(1) *Revue Spirite*, année 1880, page 361.

mais il sait parfaitement distinguer ce qu'on lui révèle de ce qu'il tire de son propre fond, cette certitude qu'il était médecin avant cette vie ne lui a pas été inculquée par ses guides, elle est innée.

M. Bouvery cite (1), d'après le Lotus bleu, le cas de M. Isaac G. Foster, dont l'enfant, nommé Maria mourut à Ill, comté d'Effingam.

Il eut, quelques années plus tard, une seconde fille qui est née à Dakota, ville qu'il vint habiter après la mort de Maria. La nouvelle fille fut appelée Nellie, mais elle persista à se nommer Maria, disant que c'était le vrai nom par lequel on la nommait autrefois.

Dans un voyage fait en compagnie de son père, elle reconnut l'ancienne demeure, et bien des personnages qu'elle n'avait jamais vus, mais que la première fille Maria connaissait très bien. « A un mille de notre ancienne habitation, dit M. Foster, se trouve la maison d'école que Maria fréquentait ; Nellie, qui ne l'avait point

(1) *Le Spiritisme et l'Anarchie*, page 48.

vue, en fit une exacte description et m'exprima le désir de la revoir. Je l'y conduisis, et, une fois là, elle se dirigea directement vers un bureau que sa sœur occupait, me disant : voilà le mien.» « On dirait un mort revenu du tombeau », ajoute le père. C'est bien l'expression exacte, car si on peut imaginer qu'en somnambulisme l'enfant ait vu ce pays, personne n'a pu lui indiquer les personnes que Maria connaissait, et cependant Nellie ne s'y trompe pas, elle les désigne exactement.

Je pourrais allonger cette liste, mais comme le temps me manque pour discuter convenablement cette question, je préfère passer à une autre série de documents, concernant toujours le retour de l'âme ici-bas.

Réincarnation annoncée à l'avance. — Je tiens les deux faits suivants de M. Bouvier, excellent magnétiseur, directeur du journal *La Paix universelle* qui se publie à Lyon. Un sujet qu'il avait coutume d'endormir, et qui jouit, dans cet état, de la faculté de voir les esprits, lui dit un jour, spontanément, que l'âme d'une religieuse désirait lui parler. M. Bouvier lui demanda ce qu'elle était et ce qu'elle désirait. Elle se nomma et indiqua le couvent situé à Rouen, dans lequel elle habitait, et dit qu'elle reviendrait après sa mort qui serait prochaine. Le sujet, aussi bien que M. Bouvier, ignoraient absolument l'existence de cet établissement religieux, et n'en avaient même jamais entendu parler. Quelques temps après, la même religieuse se présenta et dit qu'elle avait quitté son corps terrestre, ce qui fut reconnu exact ultérieurement mais qu'elle reviendrait s'incarner chez la sœur du sujet ; qu'elle aurait encore le sexe féminin, et qu'elle ne vivrait que trois mois. Tous ces événements se sont réalisés ponctuellement.

Un second cas d'incarnation a été prédit à M. Bouvier, annonçant que l'esprit irait s'incorporer, sous la forme féminine, dans une famille bien connue du directeur de *La Paix universelle*, et qui se doutait fort peu de la venue d'un autre enfant qu'on ne désirait nullement. L'esprit dit qu'il serait malheureux parce qu'on ne l'aimerait pas. Tout ceci a eu malheureusement lieu dans les conditions annoncées.

La clairvoyance magnétique du sujet de M. Bouvier ne peut rendre compte de l'apparition de cette religieuse, qu'il n'a jamais connue sur la terre ; car l'exercice de cette faculté a toujours sa raison d'être dans un certain rapport entre les parties intéressées. Si donc on peut admettre que la sœur du sujet soit la cause indirecte de la prévision, l'intervention de la religieuse est inexplicable, sinon par son intention de reprendre un organisme terrestre. Dans le second exemple, il n'existe aucun lien entre le somnambule et les parents de l'enfant ; l'esprit qui s'est réincarné est bien l'auteur du phénomène, car le sujet n'est pas spirite et ne pouvait s'autosuggestionner sur ce point pas plus qu'il ne pouvait recevoir de la suggestion de M. Bouvier qu'il était loin de s'attendre à ces manifestations.

Le prince Émile de V..., à la date du 18 décembre 1874, écrivait à Vevey, en Suisse, à la

Revue spirite (1), pour lui signaler un cas intéressant, relatif à la réincarnation ; il s'agissait de son second fils, âgé de 3 ans : que, peu de temps avant sa naissance, les esprits avaient annoncé que cet enfant devait avoir de grands dons médianimiques, car dans sa dernière existence, qui avait eu lieu en Angleterre, il se serait occupé à développer ces pouvoirs par les pratiques de la magie et de l'astrologie, et il en aurait mal usé, ce qui l'aurait fait périr misérablement. « Il y a quelques semaines, dit le prince, l'enfant était à jouer et à bavarder dans mon cabinet, quand je l'entends parler de l'Angleterre dont, à mon insu, on ne l'avait jamais entretenu. Je dresse l'oreille et je lui demande s'il sait ce que c'est que l'Angleterre ? Il me répond : Oh ! oui, c'est un pays où j'ai été, il y a bien, bien longtemps.

D. — Y étais-tu petit comme maintenant.

R. — Oh non, j'étais plus grand que toi et j'avais une longue barbe.

(1) *Revue spirite*, année 1875, page 48.

D. — Est-ce que maman et moi y étions aussi ?

R. — Non, j'avais un autre papa et une autre maman.

D. — Et qu'y faisais-tu ?

R. — Je jouais beaucoup avec le feu, et une fois, je me suis brûlé si fort que j'en suis mort. »

On pourrait peut-être voir, dans ce naïf récit, une transmission inconsciente de la pensée du père à son fils, mais les réponses de l'enfant semblent bien émaner de son intelligence propre, et s'être réveillé momentanément pour disparaître ensuite, comme cela a souvent lieu dans de semblables circonstances.

Voulant étayer la théorie de la réincarnation par de solides preuves expérimentales, les journaux spirites français ont ouvert une enquête sur les phénomènes qui se rapportent à cet ordre d'idées. Depuis le 1er janvier de cette année, on constate que les témoignages arrivent plus nombreux qu'on ne l'aurait supposé.

J'ai reproduit, dans le numéro d'avril de la *Revue scientifique et morale du spiritisme*, un procès-verbal dressé à Lyon, d'après lequel un médium à incarnation a prédit la naissance d'un enfant du sexe féminin, qui devait, par suite de circonstances tenant à sa vie passée, présenter une cicatrice au front. Il est effectivement né une fille avec la marque annoncée.

Le *Progrès spirite*, dans ses numéros du 5 février et du 20 mars 1898, cite trois attestations qu'il serait trop long de reproduire intégralement, mais qui démontrent que les esprits reviennent sur la terre. Ce ne sont plus ici des somnambules qui sont en jeu, mais des médiums typtologues ou écrivains, de sorte que la clairvoyance n'a pas à intervenir dans l'explication, à moins qu'on ne l'attribue aux esprits désincarnés. Mais alors, se présente une autre difficulté ; il faut supposer que ces êtres invisibles nous trompent volontairement, qu'ils mentent sciemment, pour soutenir une erreur ? Cette conjecture me paraît plus raisonnable lorsqu'elle s'adresse à des esprit qui ont fait preuve, dans maintes circonstances, de hautes qualités morales, et je préfère admettre ce qu'ils annoncent et ce qui se vérifie, plutôt que de croire à un subterfuge universel et invraisemblable.

J'arrive à un genre de preuve qui pourrait être fort discuté, mais que l'on ne peut raisonnablement passer sous silence, puisque cinq sur dix des spirites, qui admettent la réincarnation, ne sont arrivés à cette conclusion que sur les affirmations de leurs guides.

Esprits qui affirment avoir vécu plusieurs fois sur la terre. — On peut objecter, contre cet ordre de preuves, que tous les esprits qui se manifestent ne se souviennent pas d'une vie, antérieure à la dernière ; mais si l'on veut bien prendre en considération que le réveil des souvenirs anciens est connexe à un certain degré vibratoire du périsprit, et que celui-ci est lié au développement de la spiritualité de l'être, on comprendra facilement que la moyenne des hommes désincarnés étant d'une moralité inférieure, leur périsprit encore grossier ne peut ressusciter devant la vue intérieure, le panorama de leurs existences passées. Mais de même qu'il est possible de rénover intégralement le souvenir chez certains sujets somnambuliques, de même des Esprits supérieurs qui possèdent un pouvoir magnétique, proportionnel à leur degré d'évolution morale, ont la puissance suffisante pour, lorsque c'est nécessaire, réveiller les souvenirs latents.

Je me contenterai de citer un exemple de ce genre emprunté à la *Revue spirite* de 1866 (pages 175 et suivantes) parce qu'il semble bien confirmer l'opinion émise plus haut. Il s'agit de l'esprit d'un médecin très estimé, le Dr Cailleux ; il raconte, par l'intermédiaire du médium Morin, que bien qu'il fût sorti depuis assez longtemps du trouble, il se trouva un jour dans un état semblable à une espèce de sommeil lucide. Il dit :

« Lorsque mon esprit a subi une sorte d'engourdissement, j'étais en quelque sorte magnétisé par le fluide de mes amis spirituels ; il devait en résulter une satisfaction morale qui, disent-ils, est ma récompense, et, de plus, un encouragement à marcher dans la voie que suit mon esprit depuis déjà bon nombre d'existence, j'étais donc endormi d'un sommeil magnético-spirituel, j'ai vu le passé se former en un présent fictif ; j'ai reconnu des individualités disparues par la suite des temps, ou plutôt qui n'avaient été qu'un seul individu. J'ai vu un être commencer un ouvrage médical ; un autre, plus tard, continuer l'ouvrage laissé, ébauché par le premier, et ainsi de suite. J'en suis arrivé à voir, en moins de temps que je n'en mets à vous le dire, d'âge en âge, se former, grandir et devenir science, ce qui, dans le principe, n'était que les premiers essais d'un cerveau occupé d'études pour le soulagement de l'humanité souffrante. J'ai vu tout cela, et lorsqu'arrivé au dernier de ces êtres qui, successivement, avait apporté un plément d'ouvrage, alors, je me suis reconnu. Là, tout s'évanouit, et je redevins l'esprit encore en retard de votre pauvre docteur (1). »

Verra-t-on, dans ce récit, une hallucination spirituelle de l'âme du Dr Cailleux ? C'est pos-

(1) On trouvera ici l'amorce des expériences si intéressantes de Rochas sur *Les Vies successives*.

sible, bien qu'improbable, car les esprits avancés ne trompent pas plus qu'ici-bas les honnêtes gens. Il ne s'agit, dans cet exemple, ni d'expériences, ni de recherches tentées par ses guides ; on montre à l'esprit son passé, par une introspection qui lui permet de fouiller consciemment les couches profondes de son être. Si l'on réfléchit que ceci a été obtenu il y a 32 ans, alors que l'on ignorait le moyen de produire la résurrection des souvenirs anciens, par l'hypnotisme ou le magnétisme, on pourra peut-être voir dans ce fait une analogie favorable à la croyance aux vies successives.

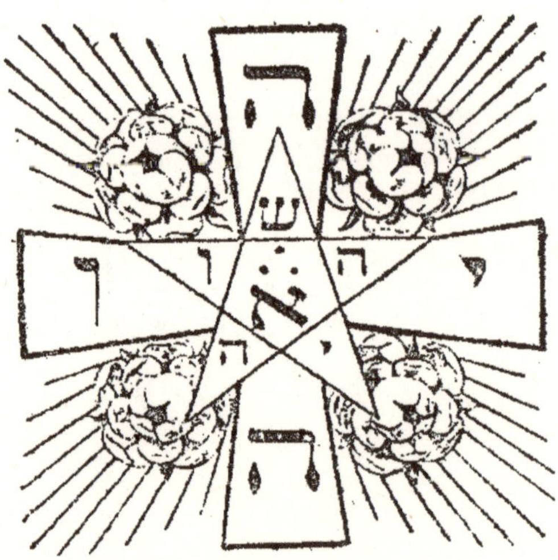

LA RÉINCARNATION ET L'ÉSOTÉRISME HÉBRAIQUE

L'Enseignement biblique sur la réincarnation se compose, comme toujours en matière sacrée, d'une partie officiellement communiquée au peuple et d'un complément secrètement communiqué aux maîtres.

Le peuple d'Israël savait qu'après la mort l'âme descendait dans le Scheol, qui signifie : *lieu d'attente*, expression suffisamment explicite par elle-même.

Quant à l'enseignement secret, en dehors des précisions sur la Vallée de Josaphat ou du Cédron que j'ai exposées par ailleurs, nous le retrouvons dans maint passage trop difficile pour les traducteurs modernes.

Voici, à titre d'exemple, la traduction des versets 22 et 23 du chapitre x de la *Genèse*.

TRADUCTION ACTUELLE.	TRADUCTION VRAIE :
22. Les enfants de :	La condition de :
Sem.	La qualification pour un rôle
(sont) :	(sont) :
Heilam. . . .	Une retraite favorable (sein de la mère).
Asshour . . .	et En progrès ;
Arpacschad . .	Un retour victorieux (en ce monde)
Loud	Un bon accueil.
et Aram . . .	et un intermédiaire (un père)
23. Les enfants de :	Les conditions de :
Aram	Un intermédiaire
(sont) :	(sont) :
Houtz	Un nourricier,
Houl	et L'abondance ;
Gether. . . .	puis La prospérité
et Mash . . .	et L'accroissement.

Ces deux versets, ainsi que tous ceux qui leur font suite, indiquent les conditions d'un *retour heureux* sur la terre, à la sortie de ce Scheol, qui n'est qu'un lieu d'attente provisoire.

JOS. HEIBLING.

Table des matières

Camille Flammarion, Papus
Phaneg, Vitae, F. Rozier, Lemerle, A. Schmoll, Tidianeuq, A. François
LES PHÉNOMÈNES PSYCHIQUES ET LES PUISSANCES INVISIBLES
par les occultistes de la Belle Époque
CréaTone éditions

PAPUS

CE QUE DOIT SAVOIR UN MAÎTRE MAÇON

suivi de

PAPUS ET LA FRANC-MAÇONNERIE

Créa'Tone éditions

Robert AMADOU

L'OCCULTISME

Esquisse d'un monde vivant

Nouvelle édition
présentée par Albert-Marie Schmidt

CréaTone éditions

René Guénon, Papus, Phaneg, Sédir
La prière
par les occultistes de la Belle Époque
CréaTone éditions

Serge Toussaint
Spiritualité et Éthique
des Rose-Croix
« Une sagesse ancienne pour un monde nouveau »
DAT ROSA MEL APIBUS.
Créa'Tone éditions

Serge Hutin
Histoire de
l'astrologie
CréaTone éditions

J. Marcus de VÈZE
L'égyptologie sacrée
Aux sources de l'hermétisme

TYPOGRAPHIA HARLEMI PRIMVM INVENT
Circa Annum 1440
LA CROIX & LA ROSE
TIDIANEUQ
Essai d'interprétation du symbole de la R+C
Ex-Libris de Papus
Deux ex-libris maçonnique et cabalistique
Les énigmes des marques d'imprimeurs
Créa'Tone éditions
Currat penna licet, tantum vix scribitur anno,
Quantum úno reddant prœla Batava die:

Impression et brochage par SEPEC Numérique
Peronnas - France
octobre 2023